DIE ERDE

William Smith
(1769–1839)

Monokliner Schwefel

Eklogit

Granit

Anlege-Gonio-
meter zur Winkel-
bestimmung, hier bei
einem Kupfersulfat-
kristall

Kupfer

Dieses Planetenmodell zeigt die
Umlaufbahn der Erde um
die Sonne.

Labormodell zur Nach-
bildung eines Gebirgszugs

Malachit

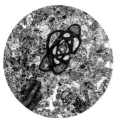

Vergrößerte
Aufnahme eines
Kalkstein-
Dünnschliffs

Sehen · Staunen · Wissen

DIE ERDE

Auf die Theorie
von der Konti-
nentaldrift kam
man u.a. durch die
Beobachtung von
Schnecken.

Der faszinierende Aufbau unseres Planeten
von der Atmosphäre bis zum Metallkern

Text von Susanna van Rose

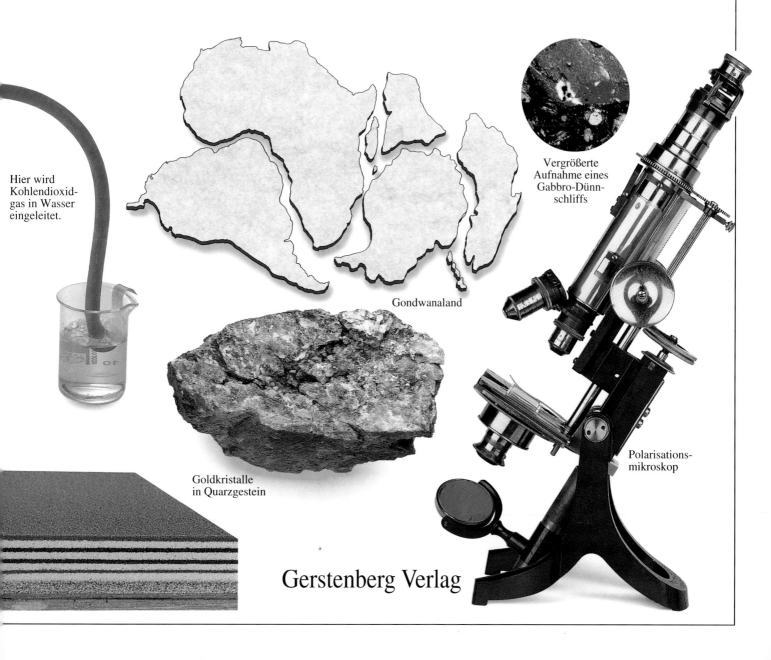

Hier wird
Kohlendioxid-
gas in Wasser
eingeleitet.

Gondwanaland

Vergrößerte
Aufnahme eines
Gabbro-Dünn-
schliffs

Goldkristalle
in Quarzgestein

Polarisations-
mikroskop

Gerstenberg Verlag

Hier werden
Meeresboden-
sedimente auf
Fossilien hin
durchgesiebt.

Schnelles Abkühlen
von geschmolzenem
Schwefel

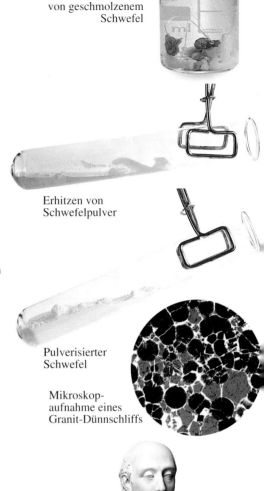

Erhitzen von
Schwefelpulver

Pulverisierter
Schwefel

Mikroskop-
aufnahme eines
Granit-Dünnschliffs

Die Deutsche Bibliothek – CIP-Einheitsaufnahme

Ein Titeldatensatz für diese Publikation ist bei
Der Deutschen Bibliothek erhältlich.

Ein Dorling-Kindersley-Buch
Originaltitel: Eyewitness Science: Earth
Copyright © 1994 Dorling Kindersley Ltd., London
Fachliche Beratung: John Cope/UWCC, Wales
Lektorat: Charyn Jones, Josephine Buchanan
Layout und Gestaltung: Jane Bull, Helen Diplock,
Lynne Brown
Herstellung: Adrian Gathercole
Bildredaktion: Caroline Brooke
Fotografische Spezialeffekte: Clive Streeter

Neuausgabe Copyright © 2001
Gerstenberg Verlag, Hildesheim
Gesetzt nach neuer Rechtschreibung
Aus dem Englischen von Werner Horwath
Redaktionelle Bearbeitung der deutschsprachigen
Ausgabe von Michael Zillgitt, Frankfurt/M.
Deutsche Ausgabe Copyright © 1994
Gerstenberg Verlag, Hildesheim
Alle deutschsprachigen Rechte vorbehalten

Satz: Gerstenberg Druck GmbH, Hildesheim
Printed in China
ISBN 3-8067-4521-8

01 02 03 04 05   5 4 3 2 1

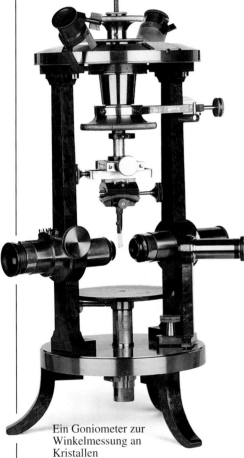

Ein Goniometer zur
Winkelmessung an
Kristallen

James Hutton (1726–1797)

Labormodell eines Deltas

Inhalt

Gesteinsproben, die zwischen 1872 und 1875
mit der *Challenger* gesammelt wurden

Wie ist die Erde aufgebaut?

Die Erde ist nur ein kleiner Planet im riesigen Sonnensystem, aber in mancher Hinsicht einzigartig: Auf ihr gibt es Leben und Wasser, und sie hat eine Oberfläche, die sich immer wieder erneuert. Dazu gehört die dünne Gesteinskruste unter unseren Füßen. Der sichtbare Teil der Erde ist nur ein winziger Bruchteil des ganzen Planeten. Unter der Kruste liegt der dicke Erdmantel, der auch aus Gesteinen besteht, und in der Mitte befindet sich ein Metallkern, der teils fest, teils flüssig ist. Unser Planet ist von einem Magnetfeld umgeben, das sich ständig verändert und das den Teil der intensiven Sonnenstrahlung abfängt, der für das Leben auf der Erde schädlich wäre. Die äußere Erdkruste ist von einer Hülle aus Wasser und aus Gasen (S. 10–11) umgeben, die fast alle im Laufe der Zeit bei Vulkanausbrüchen in die Atmosphäre gelangten. Die Erdkruste besteht aus Einzelteilen (Platten), die sich sehr langsam bewegen. Dadurch hat sich die Gestalt der Kontinente in den letzten Jahrmillionen sehr stark verändert (S. 36–37).

VOM MOND AUS GESEHEN
Die Erde ist keine perfekte Kugel, sondern an den Polen etwas abgeflacht; am Äquator ist ihr Radius 43 km länger als an den Polen. Der griechische Philosoph Pythagoras (um 570–500 v.Chr.) erkannte die Kugelform der Erde bei der Beobachtung von Schiffen: Zunächst sah er nur den Mast am Horizont auftauchen und erst beim Näherkommen erschien auch der Schiffsrumpf.

GESTEINSSAMMLERIN
Das Untersuchen von Gesteinen aus verschiedenen Gegenden gibt Antworten auf viele Fragen, die mit der Veränderung der Erdoberfläche zu tun haben. Die Engländerin Mary Anning (geb. 1799) war eine leidenschaftliche Fossiliensammlerin. Ihr Freund Sir Henry De La Beche (1796–1855), ein Geologe, nutzte ihre Funde für eine systematische Kartierung. 1835 erstellte er die erste geologische Übersicht Großbritanniens.

Magnetosphäre

Magnetschweif

Schmales Magnetfeld

Richtung des Sonnenwindes

Erde

Drahtmodell der Magnetosphäre

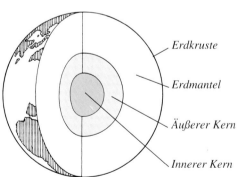

Erdkruste

Erdmantel

Äußerer Kern

Innerer Kern

DAS ERDINNERE
Die Erdkruste ist unter den Meeren rund 5 km dick, unter den Kontinenten dagegen bis zu 35 km. Der Mantel darunter ist fast 3000 km dick. Der Erdkern besteht außen aus flüssigem und innen aus festem Metall. Hier ist der Druck ungefähr 1 Mio. Mal so hoch wie der Luftdruck und die Temperatur liegt bei etwa 4500 °C. Es ist unmöglich, diese extremen Bedingungen in einem Labor herzustellen. Daher beruhen die Angaben über das Metall im Kern teilweise auf Vermutungen.

DAS MAGNETFELD
Das Magnetfeld der Erde entsteht durch die Strömungen des flüssigen Metalls im äußeren Kern und ändert sehr langsam, aber ständig seine Richtung. Bisher ist noch nicht bekannt, wie dies geschieht. Die Feldlinien des Magnetfeldes kann man sich wie riesige Schleifen zwischen Nord- und Südpol vorstellen. Sie wirken wie ein Schutzschild um die Erde, der die elektrisch geladenen Teilchen des sog. Sonnenwindes von der Erde fernhält. (Diesen Schild nennt man auch Magnetosphäre.) Auf der der Sonne zugewandten Erdseite ist das Magnetfeld schmaler als auf der abgewandten Seite. Das Drahtmodell zeigt das Muster der Feldlinien beim Aufeinandertreffen von Sonnenwind und Erdmagnetfeld.

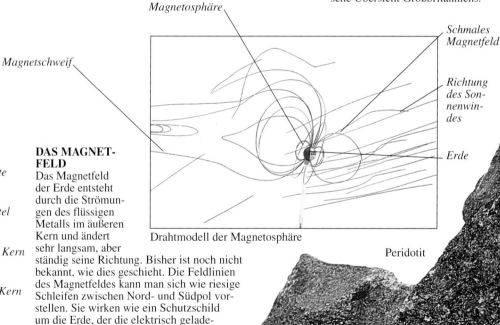

Peridotit

Bestandteile der Erde

Man kann nicht überall feststellen, woraus die Erde neben Wasser, Luft und Gestein besteht (S. 40–41). Einige Gesteine aus dem oberen Erdmantel sind durch Vulkanausbrüche an die Erdoberfläche gelangt (S. 25). Sie erbrachten Hinweise auf die Zusammensetzung des Erdmantels. Es ist jedoch fast unmöglich, die Verhältnisse im Erdkern genau zu beschreiben. Sicher ist nur, dass die Erde im Kern am dichtesten ist, weil hier auch der höchste Druck herrscht.

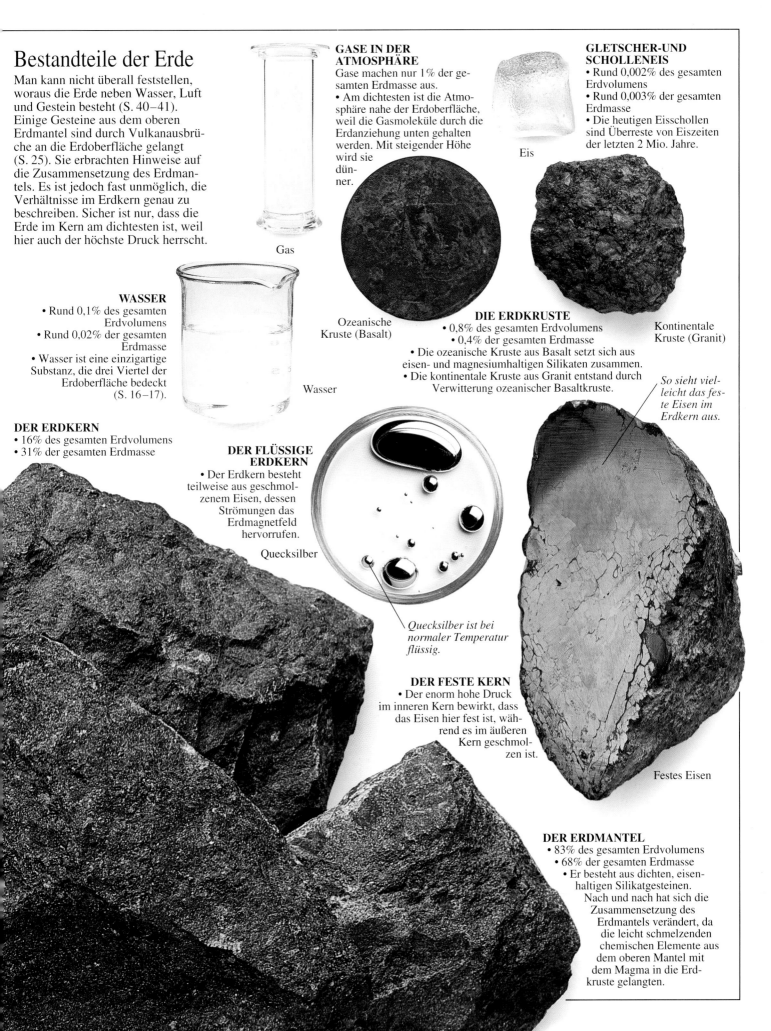

GASE IN DER ATMOSPHÄRE
Gase machen nur 1% der gesamten Erdmasse aus.
• Am dichtesten ist die Atmosphäre nahe der Erdoberfläche, weil die Gasmoleküle durch die Erdanziehung unten gehalten werden. Mit steigender Höhe wird sie dünner.

Gas

GLETSCHER-UND SCHOLLENEIS
• Rund 0,002% des gesamten Erdvolumens
• Rund 0,003% der gesamten Erdmasse
• Die heutigen Eisschollen sind Überreste von Eiszeiten der letzten 2 Mio. Jahre.

Eis

WASSER
• Rund 0,1% des gesamten Erdvolumens
• Rund 0,02% der gesamten Erdmasse
• Wasser ist eine einzigartige Substanz, die drei Viertel der Erdoberfläche bedeckt (S. 16–17).

Wasser

Ozeanische Kruste (Basalt)

DIE ERDKRUSTE
• 0,8% des gesamten Erdvolumens
• 0,4% der gesamten Erdmasse
• Die ozeanische Kruste aus Basalt setzt sich aus eisen- und magnesiumhaltigen Silikaten zusammen.
• Die kontinentale Kruste aus Granit entstand durch Verwitterung ozeanischer Basaltkruste.

Kontinentale Kruste (Granit)

DER ERDKERN
• 16% des gesamten Erdvolumens
• 31% der gesamten Erdmasse

DER FLÜSSIGE ERDKERN
• Der Erdkern besteht teilweise aus geschmolzenem Eisen, dessen Strömungen das Erdmagnetfeld hervorrufen.

Quecksilber

So sieht vielleicht das feste Eisen im Erdkern aus.

Quecksilber ist bei normaler Temperatur flüssig.

DER FESTE KERN
• Der enorm hohe Druck im inneren Kern bewirkt, dass das Eisen hier fest ist, während es im äußeren Kern geschmolzen ist.

Festes Eisen

DER ERDMANTEL
• 83% des gesamten Erdvolumens
• 68% der gesamten Erdmasse
• Er besteht aus dichten, eisenhaltigen Silikatgesteinen.
Nach und nach hat sich die Zusammensetzung des Erdmantels verändert, da die leicht schmelzenden chemischen Elemente aus dem oberen Mantel mit dem Magma in die Erdkruste gelangten.

Frühe Theorien

Bereits in früher Zeit gründeten viele Auffassungen über Entstehung und Aufbau der Erde auf Beobachtung und logischen Schlüssen. Manche Vorstellung beruhte jedoch auf alten Überlieferungen. Und bei einigen Ansichten handelte es sich um eine Mischung aus beidem. Die Entwicklung des Wissens über unsere Welt hat sich nicht geradlinig weiterentwickelt. Obwohl schon die alten Griechen und Ägypter herausfanden, dass die Erde eine Kugel ist, und obwohl sie den Erdradius bereits erstaunlich genau berechnen konnten, glaubte die Menschheit noch viele Jahrhunderte später, dass die Erde eine flache Scheibe sei. Die ersten Landkarten wurden auf ebene Stoffe gezeichnet; dadurch verfestigte sich die Vorstellung von einer flachen Erde weiter. Wissenschaftler, die ihre Umwelt durch Beobachtung zu erfassen suchten, unternahmen weite Reisen; sie erforschten fremde Küsten und entdeckten neue Länder und Ozeane. Im 18. Jahrhundert stellte James Hutton (1726–1797), einer der ersten modernen Geologen, Thesen über die Vorgänge in der Erde auf. Er überwand althergebrachtes Gedankengut und stützte sich nur auf Beobachtungen.

WELTKARTE
Im 10. Jh. wurde mit dieser Weltkarte (*mappa mundi*) eine Initiale in einer Handschrift verziert.

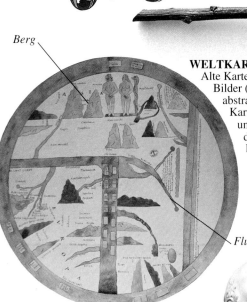

Berg

Fluss

WELTKARTE AUS DEM 12. JH.
Alte Karten enthielten meist Bilder (u.a. von Göttern) und abstrakte Landschaften. Die Karte links zeigt Flüsse und Berge im Gebiet, das sich von Babylonien (heutiger Irak) bis Kaledonien (heutiges Schottland) erstreckt.

WÜNSCHELRUTEN
Noch heute wird zuweilen versucht mithilfe von gegabelten Zweigen unterirdisches Wasser zu orten. Dazu hält ein Rutengänger die Rute in den Händen, die über einer Wasserader heftig ausschlagen soll.

JAMES HUTTON
Der schottische Geologe Hutton kam über die Untersuchung der Fruchtbarkeit und Güte von Böden in seiner Heimat zur geologischen Forschung. Als er das Gestein in der Nähe von Edinburgh untersuchte, entdeckte er, dass es vulkanischen Ursprungs ist. So begründete er die Lehre des Plutonismus, die im Gegensatz zum sog. Neptunismus (S. 22) steht. Durch Huttons Arbeit wurde erstmals deutlich, wie lang geologische Zeiträume sind.

METALLSUCHE
Das Orten von Wasser, Mineralien oder Erdstrahlen wird noch heute bisweilen von Rutengängern ausgeführt. Der Arzt und Mineraloge Georg Bauer (1494–1555), bekannt als Agricola, beschrieb in seinem Buch *De re metallica*, wie man Metalle finden und gewinnen kann. Er schrieb auch über die Arbeit mit Wünschelruten, wandte aber ein, dass sie umstritten sei und nur von wenigen Menschen durchgeführt werden könne.

Rutengänger

Kleiner
Faustkeil

*Schneide-
kante*

Großer
Faustkeil

DIE STEINZEIT
Stein war eines der ersten
natürlichen Materialien,
aus denen die Menschen
Werkzeuge zum Schneiden
und Schlagen anfertigten.
Manche Gesteinsarten sind
aber zu weich für Werkzeuge
mit scharfen Kanten, denn
diese würden sehr schnell
stumpf.

*Die Kante
diente zum
Schneiden
von Pflanzen
und zum
Abhäuten
von Tieren.*

CHINESISCHE
LANDVERMESSUNG
Feng shui ist die alte chinesische
Landvermessung unter Berücksichti-
gung verborgener Energie. Danach
haben flache Hügel weiblichen (Yin)
und spitze Berge männlichen Charakter
(Yang). Diese und andere
Elemente müssen aus-
geglichen sein, damit
Harmonie und Wohl-
stand herrschen.

Ein Blick auf
den Kompass

Dieses Gemälde aus der Qin-
Dynastie zeigt die Arbeit
mit dem Feng-shui-
Kompass.

CHINESISCHER
KOMPASS
Der Ursprung des Feng-
shui-Kompasses ist ungewiss.
Vielleicht entwickelte er sich
aus einem einfachen Mess-
tisch zur Landvermessung.
Feng shui bedeutet „Wind und
Wasser". Wenn in Hongkong der
Bau eines wichtigen Gebäudes
ansteht, wird noch heute ein Feng-
shui-Vermesser herangezogen,
um sicherzugehen, dass Lage,
Baustil und Zweck des
Gebäudes miteinander
harmonieren.

SUCHE NACH HARMONIE
Viele bedeutende Bauwerke ent-
sprechen dem Prinzip des Feng
shui, nach dem gerade Linien in
der Landschaft schlecht sind, weil
hier die Energien zu kraftvoll hin-
durchfließen können. Ein gewun-
dener Pfad oder eine geschwun-
gene Mauer, wie hier bei Chengde
in China, sorgen für eine bessere
Harmonie mit dem Universum.

*Innerer Ring
mit himm-
lischen Zeichen*

Kompassnadel

Lackiertes Holz

Ein Schreiber
notiert die Ergebnisse
der Landvermessung.

Eine Schutzhülle aus Gas

Die äußerste Schale der Erde besteht aus einer Gashülle, der sog. Atmosphäre. Sie reicht zwar bis in eine Höhe von etwa 1000 km, doch sind drei Viertel der gesamten Gasmenge in den untersten 10 km konzentriert. Die Atmosphäre ist ein Gemisch aus verschiedenen Gasen, die insgesamt unsere Luft bilden. Das in den unteren Schichten häufigste Gas ist der Stickstoff, der hier 78% ausmacht. Der Anteil des für das Leben auf der Erde unentbehrlichen Sauerstoffs beträgt nur 20%. Das für die Pflanzen lebenswichtige Kohlendioxid ist nur zu einem sehr kleinen Anteil in der Atmosphäre enthalten. Trotzdem ist es Grundbedingung für eine gleichmäßige Temperatur. Spuren anderer Gase – darunter Argon und Neon – geben Hinweise auf den Ursprung der Atmosphäre. Diese entstand durch Freisetzung von Gasen bei den vulkanischen Vorgängen im Anfangsstadium der Erde. Erst später wurden auch andere Gase, wie der Sauerstoff, von den Pflanzen abgegeben. Die unterste Schicht der Atmosphäre wird Troposphäre genannt. In ihr unterliegen Temperatur und Luftfeuchtigkeit ständigen Schwankungen und die Luft ist in dauernder Bewegung. Die Troposphäre ist daher die Schicht, in der sich das Wetter abspielt.

EWIG SCHWARZER HIMMEL
Der Himmel über dem Mond erscheint immer tiefschwarz, weil es hier keine Atmosphäre gibt, deren Gase das Sonnenlicht absorbieren und reflektieren und so eine blaue Färbung ergeben könnten. Daher gibt es auf dem Mond auch kein Wetter.

Paralvinella

BLINDE KREATUREN
Auf der Erde gibt es einige Lebewesen, die ohne Sauerstoff leben. Die blinden Sulfidwürmer sind an ein Leben in der Finsternis des tiefen Ozeans angepasst. Sie beziehen ihre Energie aus Sulfiden, die aus heißen Quellen am Meeresboden entweichen (S. 38). Auch die hier lebenden Schwefelbakterien benötigen zur Energieaufnahme nur anorganische Verbindungen. Sie gewinnen ihre Energie aus der Oxidation von Schwefelwasserstoff.

Kohlendioxid

Argon und andere Gase

Sauerstoff

Stickstoff

GASE IN DER ATMOSPHÄRE
Die im Sonnensystem häufigsten Gase sind Wasserstoff und Helium außer etwas Methan und Ammoniak. Die Atmosphäre der Erde aber besteht aufgrund der Entwicklung von Bakterien und Pflanzen größtenteils aus Stickstoff. Eine weitere Besonderheit ist, dass sie Argon als Argon-40 enthält (entstanden beim radioaktiven Zerfall von Kalium-40), während im übrigen Sonnensystem vor allem Argon-36 und Argon-38 vorkommen.

GRÜNER SCHLEIM
Sauerstoff ist in der Atmosphäre recht neu. Er stammt von Pflanzen, die bei der Photosynthese aus Kohlendioxid und Wasser Kohlenhydrate erzeugen und dabei Sauerstoff abgeben. Die ersten Pflanzen mit Photosynthese ähnelten diesen Algen, die heute noch in vulkanischen Quellen vorkommen. Durch sie wurde im Lauf der Zeit immer mehr Sauerstoff in die Atmosphäre abgegeben.

EINZIGARTIG

Wegen ihrer Atmosphäre sieht die Erde völlig anders aus als die anderen Planeten. Die Schwerkraft kleinerer Himmelskörper kann keine Gasmoleküle festhalten. Daher haben Mond, Merkur und Mars keine oder nur ganz dünne Gashüllen, aber die etwas größere Venus hat eine an Kohlendioxid reiche Atmosphäre.

Geringe Luft-
mengen in
dieser Höhe

300 km — — — Thermosphäre

Mesosphäre

Mount
Everest

Ozonschicht

50 km — Stratosphäre

10 km — Troposphäre

DIE SCHICHTEN DER ATMOSPHÄRE

Die Höhen der Atmosphärenschichten ändern sich mit den Jahreszeiten und der geographischen Breite. Das Wetter spielt sich nur unten ab, in der Troposphäre. Die Ozonschicht in der Stratosphäre filtert die Sonnenstrahlung.

POLARLICHT

In der Thermosphäre treffen (in über 300 km Höhe) von der Sonne kommende Elektronen und Protonen auf Gasmoleküle der Erdatmosphäre und ionisieren sie. Dabei wird u.a. sichtbares Licht ausgesandt. Dieser Vorgang spielt sich meist über den Polarzonen ab. Das hier abgebildete Südlicht wurde 1991 von der Raumfähre *Discovery* aufgenommen.

EISEN MIT BANDSTRUKTUR

Vor 2 bis 3 Mrd. Jahren entstanden solche rot und schwarz gestreiften Gesteine, wie sie später kaum mehr gebildet wurden. Hier hatte Eisen mit Sauerstoff zu Oxiden reagiert. Dabei wurden dem Meerwasser gewaltige Mengen an Sauerstoff entzogen. Das bestätigt die Annahme, dass sich zu dieser Zeit Algen (S. 10) rasant entwickelten und die Meere sehr sauerstoffreich machten. Nachdem sich auf dem Festland rote Eisenoxide abgelagert hatten, gelangte der Sauerstoff allmählich auch in die Atmosphäre.

*Roter Hämatit
(ein Eisenoxid)*

*Schwarzer Hämatit
(ein Eisenoxid)*

FRUCHTBARES LAND

Die Vielfalt des Lebens auf der Erde ist einmalig. Die Atmosphäre schützt vor schädlicher Strahlung aus dem All und ihre Gase ermöglichen pflanzliches und tierisches Leben. Die Winde und die Meere verhindern, dass die Tage zu heiß und die Nächte zu kalt werden.

Das Klima der Urzeit

EINFLUSS DER SONNE

1941 erkannte der kroatische Meteorologe Milutin Milankovic, dass Veränderungen der Erdumlaufbahn um die Sonne dauernde Klimaveränderungen hervorrufen. Er bewies dies durch Untersuchungen der Sonneneinstrahlung in verschiedenen Breiten während der letzten 650.000 Jahre.

Das Erdklima unterlag im Verlauf der Erdgeschichte gewaltigen Schwankungen. Außerdem haben die Kontinente ihre Form und ihre Lage auf der Erdoberfläche verändert (S. 36–37). Um diese Vorgänge zu erklären, untersuchen die Geologen die Gesteine und lesen in ihnen wie in einem Geschichtsbuch, das die vergangenen 4 Milliarden Jahre beschreibt. So weiß man z.B., dass manche Gebiete, die heute vom Äquator weit entfernt sind, einst heiße Wüsten waren und dass dort, wo heute Europa liegt, vor langer Zeit tropische Korallenriffe wuchsen. Die Lage der Kontinente hatte auch Einfluss auf die Luftströmungen und damit auf das Wetter. Als noch alle Kontinente als Pangäa (S. 34–35) vereinigt waren, fiel im Inneren dieses Riesenkontinents kaum Niederschlag und er bestand zum größten Teil aus Wüste. Manche Gesteine beweisen, dass in den letzten 2 Millionen Jahren Gletscher große Teile der Erde bedeckten (S. 58–59). Einfluss auf das Klima hat auch die Position der Erde in ihrer Umlaufbahn um die Sonne.

UNSTETE SONNEN-ENTFERNUNG

Die Erdumlaufbahn ist eine Ellipse (zeitweise mehr, zeitweise weniger kreisähnlich), sodass die Entfernung Sonne – Erde ständig variiert. Außerdem ändert sich allmählich die Neigung der Erdachse, sodass sich die Jahreszeiten verschieben. Vor rund 11.000 Jahren schmolzen die Eismassen, die bis dahin die Nordhalbkugel bedeckt hatten. Das bedeutete das Ende der Eiszeit. Die Positionen von Sonne und Mond hatten in der frühen Erdgeschichte auch Auswirkungen auf die Ausbauchung des Äquators.

Muschelabdruck

Erde

Mond

Gestein vom Mount Snowdon/Wales

Sonne

Der mittlere Abstand zwischen Erde und Sonne verändert sich in einem Zyklus von über 100.000 Jahren.

Das Modell veranschaulicht die Planetenbahnen.

GESCHICHTE DER KONTINENTE

Fossilien geben Auskunft über Klima und Landschaft der Vergangenheit. Reste von Meerestieren in Gebirgsgesteinen zeigen, dass ehemalige Meeresböden in Gebirgszüge umgewandelt wurden (S. 46–49). Die fossile Pflanze *Glossopteris* hat man in 350 bis 200 Mio. Jahre alten Gesteinen auf allen Kontinenten der Südhalbkugel gefunden. Das ist nur ein Beweis dafür, dass zu jener Zeit alle Kontinente vereinigt waren.

ERBE DER EISZEIT

Die fünf Großen Seen Nordamerikas verdanken ihre Entstehung den Gletscherschwankungen während der letzten 14.000 Jahre. Durch das ungeheure Gewicht dicker Eismassen wurde das darunter liegende Land niedergedrückt, und auch nach der Druckentlastung durch das Abschmelzen der Eismassen blieben Vertiefungen (S. 40–41) bestehen, in denen sich das Schmelzwasser in Form von Seen sammelte.

Michigan-See

Huron-See

Erie-See

Glossopteris-Blatt

Glatter Blattrand

Schiefergestein aus Indien

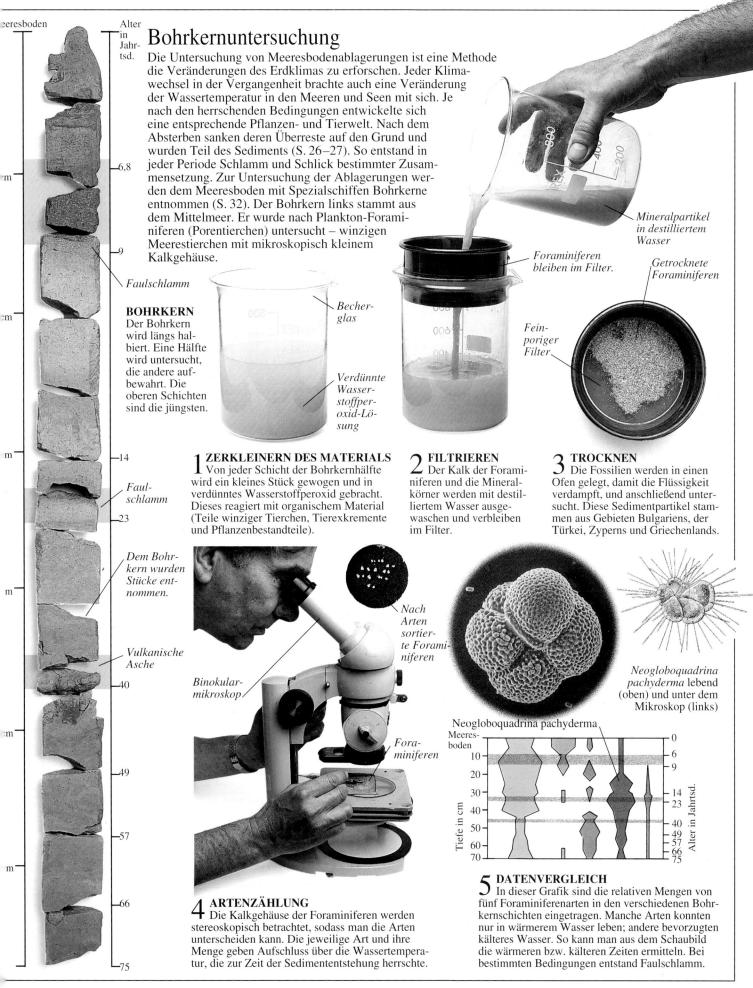

eeresboden

Alter in Jahr- tsd.

Bohrkernuntersuchung

Die Untersuchung von Meeresbodenablagerungen ist eine Methode die Veränderungen des Erdklimas zu erforschen. Jeder Klima-wechsel in der Vergangenheit brachte auch eine Veränderung der Wassertemperatur in den Meeren und Seen mit sich. Je nach den herrschenden Bedingungen entwickelte sich eine entsprechende Pflanzen- und Tierwelt. Nach dem Absterben sanken deren Überreste auf den Grund und wurden Teil des Sediments (S. 26–27). So entstand in jeder Periode Schlamm und Schlick bestimmter Zusam-mensetzung. Zur Untersuchung der Ablagerungen wer-den dem Meeresboden mit Spezialschiffen Bohrkerne entnommen (S. 32). Der Bohrkern links stammt aus dem Mittelmeer. Er wurde nach Plankton-Forami-niferen (Porentierchen) untersucht – winzigen Meerestierchen mit mikroskopisch kleinem Kalkgehäuse.

Mineralpartikel in destilliertem Wasser

Foraminiferen bleiben im Filter.

Getrocknete Foraminiferen

Faulschlamm

BOHRKERN
Der Bohrkern wird längs hal-biert. Eine Hälfte wird untersucht, die andere auf-bewahrt. Die oberen Schichten sind die jüngsten.

Becher-glas

Verdünnte Wasser-stoffper-oxid-Lö-sung

Fein-poriger Filter

1 ZERKLEINERN DES MATERIALS
Von jeder Schicht der Bohrkernhälfte wird ein kleines Stück gewogen und in verdünntes Wasserstoffperoxid gebracht. Dieses reagiert mit organischem Material (Teile winziger Tierchen, Tierexkremente und Pflanzenbestandteile).

2 FILTRIEREN
Der Kalk der Forami-niferen und die Mineral-körner werden mit destil-liertem Wasser ausge-waschen und verbleiben im Filter.

3 TROCKNEN
Die Fossilien werden in einen Ofen gelegt, damit die Flüssigkeit verdampft, und anschließend unter-sucht. Diese Sedimentpartikel stam-men aus Gebieten Bulgariens, der Türkei, Zyperns und Griechenlands.

Faul-schlamm

Dem Bohr-kern wurden Stücke ent-nommen.

Vulkanische Asche

Nach Arten sortier-te Forami-niferen

Neogloboquadrina pachyderma lebend (oben) und unter dem Mikroskop (links)

Binokular-mikroskop

Fora-miniferen

Neogloboquadrina pachyderma

Meeres-boden

Tiefe in cm

Alter in Jahrtsd.

4 ARTENZÄHLUNG
Die Kalkgehäuse der Foraminiferen werden stereoskopisch betrachtet, sodass man die Arten unterscheiden kann. Die jeweilige Art und ihre Menge geben Aufschluss über die Wassertempera-tur, die zur Zeit der Sedimententstehung herrschte.

5 DATENVERGLEICH
In dieser Grafik sind die relativen Mengen von fünf Foraminiferenarten in den verschiedenen Bohr-kernschichten eingetragen. Manche Arten konnten nur in wärmerem Wasser leben; andere bevorzugten kälteres Wasser. So kann man aus dem Schaubild die wärmeren bzw. kälteren Zeiten ermitteln. Bei bestimmten Bedingungen entstand Faulschlamm.

Wasserreicher Planet

Mehr als drei Viertel der Erdoberfläche sind mit Wasser bedeckt. Deshalb wäre es eigentlich sinnvoll, unseren Planeten nicht „Erde", sondern „Wasser" zu nennen. So, wie sich die Kontinente heute auf der Erdkugel verteilen, wird eine Halbkugel von einem einzigen, riesigen Ozean beherrscht. Von dem Regenwasser, das auf die Festlandfläche fällt, fließt rund ein Drittel über die Flüsse wieder in die Meere. Die restlichen zwei Drittel versickern im Boden und bleiben dort lange Zeit als Grundwasser. Dieses speist Quellen und Flüsse; es versorgt die Flüsse auch in trockenen Zeiten mit Wasser. Das gesamte Wasser ist somit in einen unendlichen Kreislauf eingebunden: von den Meeren zur Atmosphäre, von dort in den Boden und die Flüsse, schließlich von hier aus wieder in die Meere. Dies nennt man den Wasserkreislauf. Die Wissenschaft, die den Wasserkreislauf erforscht, wird als Hydrologie bezeichnet. Dagegen heißt das Fachgebiet, das sich speziell mit dem Fließverhalten von unterirdischem Wasser befasst, Hydrogeologie.

Pazifischer Ozean

BLAUER PLANET
Von einem Raumschiff aus gesehen, das sich über dem Pazifischen Ozean befindet, ist der sichtbare Teil der Erde fast ganz von Wasser bedeckt. Nur einige verstreute Inseln sind zu erkennen. Der Pazifische Ozean ist so groß, dass alle Kontinente in ihm Platz hätten.

Durch Verdunstung des Wassers aus Seen und Flüssen sowie aus Wäldern und Feldern bilden sich Wolken.

Wolken steigen auf und kühlen ab; dabei entstehen Tropfen, die als Regen oder Schnee fallen.

Ein Teil des Wassers fließt an der Erdoberfläche in Flüsse und Seen.

Wasser verdunstet aus den Meeren und bildet Wolken.

Wasser versickert im Boden und fließt langsam ins Meer ab.

WASSERKREISLAUF
Das Wasser auf der Erde ist ständig in Bewegung, teilweise durch die Umwandlung von Flüssigkeit in Dampf und umgekehrt. Die Sonne erwärmt die Meeresoberfläche, sodass viele Wassermoleküle verdunsten (S. 16). Sie bilden den Wasserdampf, der zur Wolkenbildung führt. Kühlen die Wolken ab, so kondensiert der Wasserdampf zu Tropfen, die als Regen oder Schnee zur Erde fallen. Die meisten Niederschläge fallen direkt ins Meer zurück und werden dem Kreislauf erneut zugeführt. Niederschläge fallen auch über den Kontinenten, wo das Wasser von Pflanzen und Tieren benötigt wird. In Seen und Flüssen sammelt sich Wasser, das ins Meer zurückfließt; ein Teil des Wassers versickert im Boden und fließt unterirdisch ganz langsam ins Meer ab.

WASSERMENGEN
Das meiste Wasser auf der Erde ist salzhaltig. Nur weniger als 6% entfallen auf das Süßwasser in Flüssen und Seen sowie im Grundwasser und im Wasserdampf in der Atmosphäre. Sehr viel Süßwasser ist in den Polkappen und den Gletschern gebunden. Nach der letzten Eiszeit sind diese teilweise geschmolzen, sodass sich der Meeresspiegel etwas erhöhte. Wird das Weltklima noch wärmer, steigt der Meeresspiegel weiter.

Meerwasser: 94%

Grundwasser: 4,34%

Polarkappen und Gletscher: 1,65%

Flüsse und Seen: 0,01%

Wasserdampf

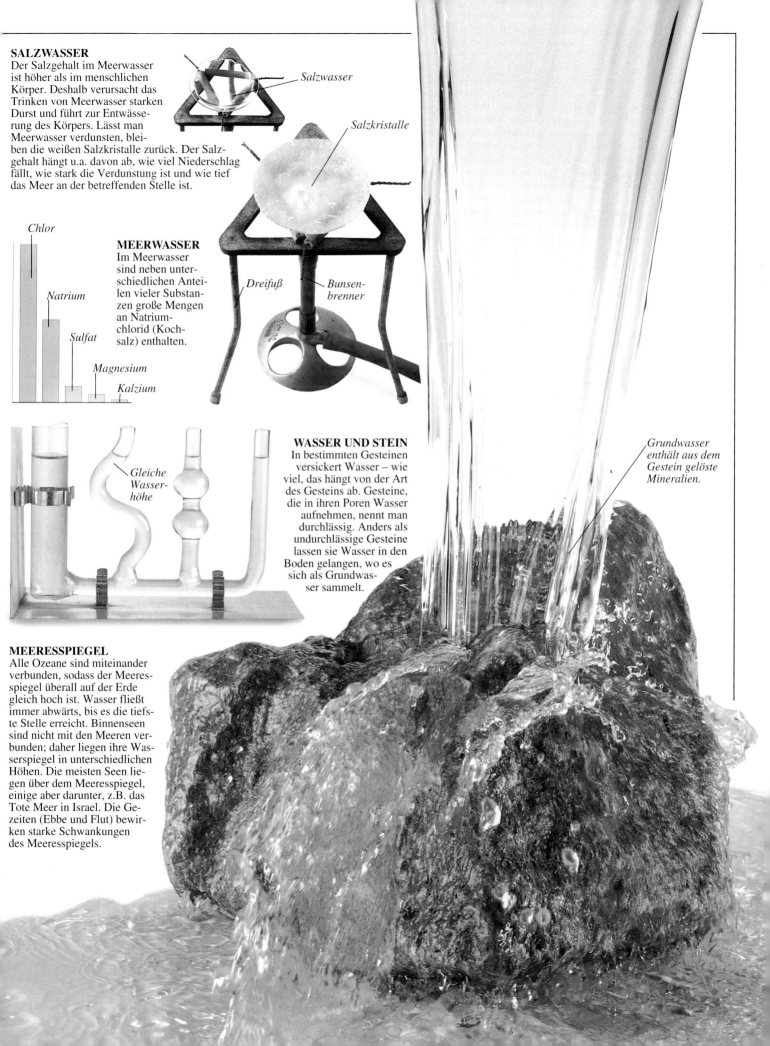

SALZWASSER
Der Salzgehalt im Meerwasser ist höher als im menschlichen Körper. Deshalb verursacht das Trinken von Meerwasser starken Durst und führt zur Entwässerung des Körpers. Lässt man Meerwasser verdunsten, bleiben die weißen Salzkristalle zurück. Der Salzgehalt hängt u.a. davon ab, wie viel Niederschlag fällt, wie stark die Verdunstung ist und wie tief das Meer an der betreffenden Stelle ist.

Salzwasser

Salzkristalle

Chlor

Natrium

Sulfat

Magnesium

Kalzium

MEERWASSER
Im Meerwasser sind neben unterschiedlichen Anteilen vieler Substanzen große Mengen an Natriumchlorid (Kochsalz) enthalten.

Dreifuß

Bunsenbrenner

Gleiche Wasserhöhe

WASSER UND STEIN
In bestimmten Gesteinen versickert Wasser – wie viel, das hängt von der Art des Gesteins ab. Gesteine, die in ihren Poren Wasser aufnehmen, nennt man durchlässig. Anders als undurchlässige Gesteine lassen sie Wasser in den Boden gelangen, wo es sich als Grundwasser sammelt.

Grundwasser enthält aus dem Gestein gelöste Mineralien.

MEERESSPIEGEL
Alle Ozeane sind miteinander verbunden, sodass der Meeresspiegel überall auf der Erde gleich hoch ist. Wasser fließt immer abwärts, bis es die tiefste Stelle erreicht. Binnenseen sind nicht mit den Meeren verbunden; daher liegen ihre Wasserspiegel in unterschiedlichen Höhen. Die meisten Seen liegen über dem Meeresspiegel, einige aber darunter, z.B. das Tote Meer in Israel. Die Gezeiten (Ebbe und Flut) bewirken starke Schwankungen des Meeresspiegels.

Die Eigenschaften von Wasser

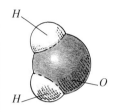

WASSER-BESTANDTEILE
Wasser besteht aus den Elementen Sauerstoff (O) und Wasserstoff (H), deren Atome sich zu Wassermolekülen verbinden. Die sog. Wasserstoffbrücken zwischen den Wassermolekülen bewirken, dass Wasser bei normaler Temperatur flüssig ist.

Wasser ist eine außergewöhnliche Flüssigkeit. Das liegt an der Art, wie die Atome im Wassermolekül miteinander verbunden sind. Eine besondere Eigenschaft des Wassers ist die, dass seine Dichte abnimmt, wenn es gefriert. Die meisten Stoffe ziehen sich dagegen beim Gefrieren zusammen, d.h. ihre Dichte erhöht sich. Wasser hat seine größte Dichte bei +4 °C; darüber dehnt es sich bei Erwärmung aus, wie andere Substanzen auch. Weil Eis bei 0 °C eine geringere Dichte als Wasser bei 0 °C hat, schwimmt es auf dem Wasser. Außerdem ist eine bestimmte Wärmemenge zum Verdampfen oder zum Schmelzen nötig. Diese Eigenschaften spielen eine große Rolle bei der Aufrechterhaltung einer ausgeglichenen Temperatur auf der Erde. Wasser hat auch eine hohe Oberflächenspannung. Sie bewirkt die Entstehung von Tropfen, die durch Böden und Gestein dringen können. Zudem ist es für viele Substanzen ein gutes Lösungsmittel. Das führt zur Verwitterung der Gesteine (S. 50–51), bei der das Wasser einige chemische Elemente aus dem Gestein herauslöst. Dies ist z.B. bei Kalkstein der Fall.

Fest

Flüssig

Wassermolekül H_2O

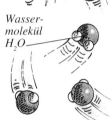
Gasförmig

REGENTROPFEN
Durch die Oberflächenspannung des Wassers zieht sich die Wasseroberfläche zusammen und es wird im Tropfen oder an einer ebenen Oberfläche sozusagen festgehalten. Infolge der Oberflächenspannung haftet es auch an anderen Stoffen, sodass sich z.B. ein in Wasser getauchtes Handtuch voll saugt.

FEST, FLÜSSIG, GASFÖRMIG
Im festen Zustand haben die Moleküle eine regelmäßige Anordnung. In einer Flüssigkeit ist die Regelmäßigkeit aufgelöst und die Moleküle der meisten Stoffe haben größeren Abstand voneinander. Dieser wird beim Erwärmen immer größer, bis der Stoff schließlich gasförmig wird. Wird Wasser auf 4 °C abgekühlt oder wird kaltes Wasser auf 4 °C erwärmt, rücken die Moleküle näher zusammen, sodass sie weniger Raum benötigen. Daher hat Wasser bei dieser Temperatur die größte Dichte.

Wasser bildet Tropfen.

WASSERSPINNEN

Wenn eine Wasserspinne (links) auf Wasser steht, ist ihr Gewicht aufgrund der Verteilung auf mehrere Beine geringer als der Effekt, den das Zusammenziehen der Wasseroberfläche durch die Oberflächenspannung hat. Daher kann die Spinne auf dem Wasser gehen. Die Wasseroberfläche ist an jedem Bein etwas eingedrückt.

In Leitungswasser sinkt das Ei.

In Salzwasser schwimmt das Ei.

Gekrümmte Wasseroberfläche (Meniskus)

Grün gefärbtes Wasser

KAPILLARWIRKUNG

Wird ein dünnes Röhrchen senkrecht in Wasser getaucht, steigt das Wasser hoch und bildet eine am Glas nach oben gerichtete Krümmung, den Meniskus. Je dünner das Röhrchen ist, desto höher steigt das Wasser, weil die Oberflächenspannung die Oberfläche zusammenzieht. Wasser versickert infolge der Schwerkraft im Boden. Aufgrund der Kapillarwirkung kann es jedoch durch die Poren im Gestein wieder nach oben steigen und dann an der Erdoberfläche verdunsten (S. 14).

SCHWIMMENDES EI

Die Dichte von Wasser erhöht sich, wenn man Salz darin auflöst. In Süßwasser sinkt ein Ei, weil es eine höhere Dichte als Wasser hat. Salzwasser ist dichter als Süßwasser; wenn der Salzgehalt hoch genug ist, schwimmt das Ei. Unterschiedliche Dichten in den Meeren führen in den Ozeanen zu Strömungen.

Gewicht

DICHTEMESSUNG

Mit einem Aräometer kann man die Dichte einer Flüssigkeit (z.B. Wein) messen. Es wird in die Flüssigkeit eingesetzt: Je geringer deren Dichte ist, desto tiefer taucht es ein. Mithilfe von Gewichten kann man die Eintauchtiefe anpassen.

Schwimmkörper

Aräometer

TROPFSTEIN-HÖHLEN

Wasserstoff- und Sauerstoffatome, aus denen die Wassermoleküle bestehen, sind so miteinander verbunden, dass die Moleküle an einem Ende eine positive und am anderen eine negative Ladung aufweisen. So kann Wasser viele Substanzen lösen, z.B. Kalkstein, wodurch sich Höhlen mit Stalaktiten und Stalagmiten (S. 51) bilden.

Tropfsteinhöhle bei Lascaux/Frankreich

Säure

Gasförmiges Kohlendioxid wird abgegeben.

SAURER REGEN

Reines Wasser ist weder sauer noch alkalisch. Das kann man mit Lackmuspapier zeigen. Regenwasser ist immer etwas sauer, da es Kohlendioxid aus der Luft enthält; dieses löst sich in den Regentropfen, während sie zur Erde fallen. Hier wird Kohlendioxid durch die Reaktion von Säure mit Kalk hergestellt. Es wird in destilliertes Wasser geleitet, das dadurch etwas sauer wird (an der Verfärbung des Lackmuspapiers ablesbar). Regenwasser kann Verwitterung bewirken, indem es Kalkstein auflöst.

Lackmuspapier zeigt „neutral" an.

Lackmuspapier zeigt „schwach sauer" an.

Destilliertes Wasser

Kalkstückchen

Kohlensäure

Das Reich des Eises

In fast allen hohen Gebirgen gibt es riesige Gletscher (S. 58–59). Sie waren ebenso wie die Inlandeismassen während der Eiszeiten in den letzten 2 Mio. Jahren sehr ausgedehnt. Man nimmt an, dass sich die Erde derzeit zwischen zwei Eiszeiten befindet. Heute sind nur Grönland und die Antarktis weithin von Eis bedeckt, das noch aus der letzten Eiszeit stammt. Das Inlandeis der Antarktis entstand wahrscheinlich vor 35 Mio. Jahren, als sie sich von den anderen Landmassen löste (S. 30–31). Die nun entstehenden Meeresströmungen um die Antarktis schnitten diese von der Zufuhr wärmeren tropischen Meerwassers ab (S. 33). Das Eis bildete sich aus Schnee, der sich durch den hohen Druck am Boden zu Eis verdichtete. Der Schnee wiederum entstand aus Wassertröpfchen, die über den Meeren verdunstet waren (S.14). Dadurch sank der Meeresspiegel. Wenn Gletscher und Inlandeis abschmölzen, würde der Meeresspiegel wieder ansteigen.

LOUIS AGASSIZ (1807–1873)
1837 erkannte der Schweizer Zoologe Agassiz, dass Nordeuropa einmal unter einer riesigen Eisdecke gelegen hat. Er fand heraus, dass die mächtigen Gletscher in den Alpen Felsblöcke über weite Strecken transportiert haben.

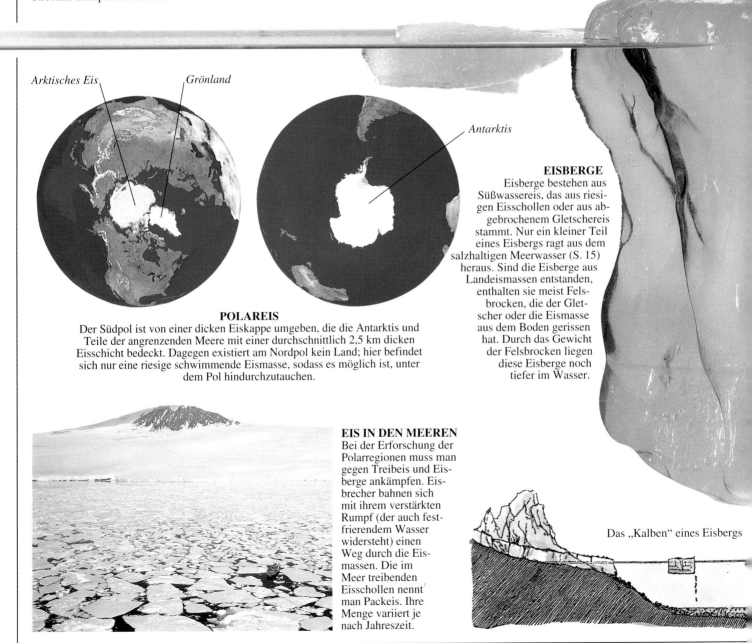

Arktisches Eis

Grönland

Antarktis

EISBERGE
Eisberge bestehen aus Süßwassereis, das aus riesigen Eisschollen oder aus abgebrochenem Gletschereis stammt. Nur ein kleiner Teil eines Eisbergs ragt aus dem salzhaltigen Meerwasser (S. 15) heraus. Sind die Eisberge aus Landeismassen entstanden, enthalten sie meist Felsbrocken, die der Gletscher oder die Eismasse aus dem Boden gerissen hat. Durch das Gewicht der Felsbrocken liegen diese Eisberge noch tiefer im Wasser.

POLAREIS
Der Südpol ist von einer dicken Eiskappe umgeben, die die Antarktis und Teile der angrenzenden Meere mit einer durchschnittlich 2,5 km dicken Eisschicht bedeckt. Dagegen existiert am Nordpol kein Land; hier befindet sich nur eine riesige schwimmende Eismasse, sodass es möglich ist, unter dem Pol hindurchzutauchen.

EIS IN DEN MEEREN
Bei der Erforschung der Polarregionen muss man gegen Treibeis und Eisberge ankämpfen. Eisbrecher bahnen sich mit ihrem verstärkten Rumpf (der auch festfrierendem Wasser widersteht) einen Weg durch die Eismassen. Die im Meer treibenden Eisschollen nennt man Packeis. Ihre Menge variiert je nach Jahreszeit.

Das „Kalben" eines Eisbergs

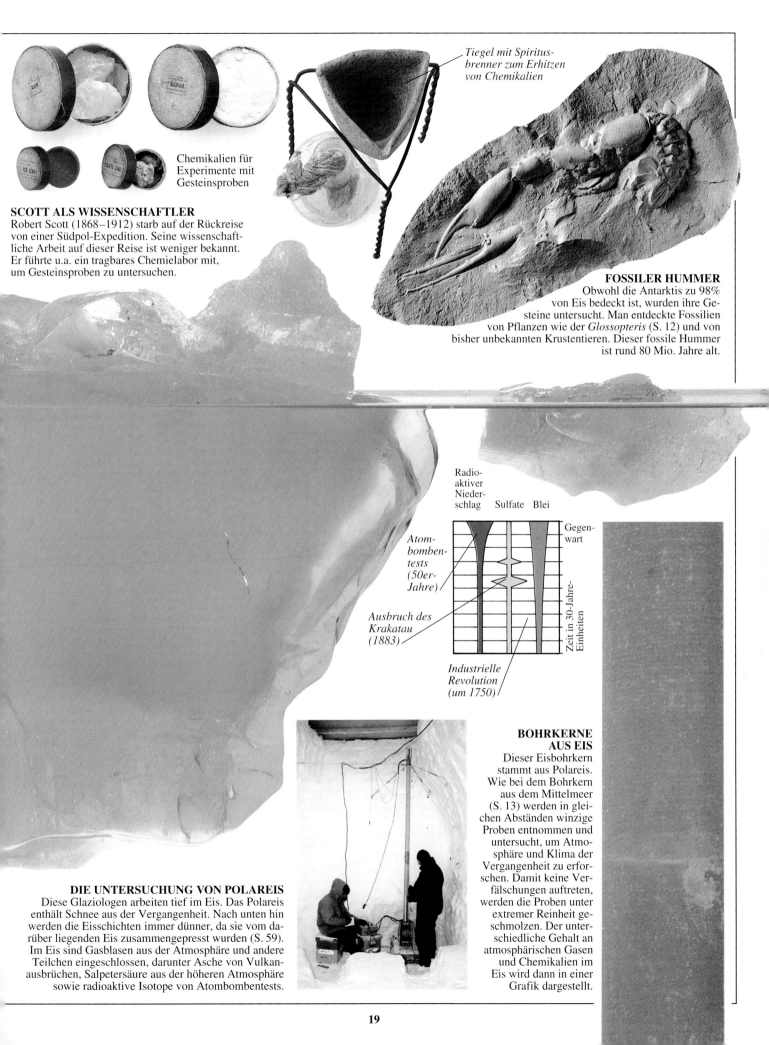

Chemikalien für
Experimente mit
Gesteinsproben

*Tiegel mit Spiritus-
brenner zum Erhitzen
von Chemikalien*

SCOTT ALS WISSENSCHAFTLER
Robert Scott (1868–1912) starb auf der Rückreise
von einer Südpol-Expedition. Seine wissenschaftliche Arbeit auf dieser Reise ist weniger bekannt.
Er führte u.a. ein tragbares Chemielabor mit,
um Gesteinsproben zu untersuchen.

FOSSILER HUMMER
Obwohl die Antarktis zu 98%
von Eis bedeckt ist, wurden ihre Gesteine untersucht. Man entdeckte Fossilien
von Pflanzen wie der *Glossopteris* (S. 12) und von
bisher unbekannten Krustentieren. Dieser fossile Hummer
ist rund 80 Mio. Jahre alt.

Radio-
aktiver
Nieder-
schlag   Sulfate   Blei

Gegen-
wart

*Atom-
bomben-
tests
(50er-
Jahre)*

Zeit in 30-Jahre-
Einheiten

*Ausbruch des
Krakatau
(1883)*

*Industrielle
Revolution
(um 1750)*

BOHRKERNE
AUS EIS
Dieser Eisbohrkern
stammt aus Polareis.
Wie bei dem Bohrkern
aus dem Mittelmeer
(S. 13) werden in glei-
chen Abständen winzige
Proben entnommen und
untersucht, um Atmo-
sphäre und Klima der
Vergangenheit zu erfor-
schen. Damit keine Ver-
fälschungen auftreten,
werden die Proben unter
extremer Reinheit ge-
schmolzen. Der unter-
schiedliche Gehalt an
atmosphärischen Gasen
und Chemikalien im
Eis wird dann in einer
Grafik dargestellt.

DIE UNTERSUCHUNG VON POLAREIS
Diese Glaziologen arbeiten tief im Eis. Das Polareis
enthält Schnee aus der Vergangenheit. Nach unten hin
werden die Eisschichten immer dünner, da sie vom darüber liegenden Eis zusammengepresst wurden (S. 59).
Im Eis sind Gasblasen aus der Atmosphäre und andere
Teilchen eingeschlossen, darunter Asche von Vulkanausbrüchen, Salpetersäure aus der höheren Atmosphäre
sowie radioaktive Isotope von Atombombentests.

Die Bausteine der Erde

Nur rund 100 chemische Elemente sind die Bausteine aller Materie auf der Erde. Ein Element besteht jeweils aus einer einzigen Atomsorte; Atome verschiedener Elemente können sich zusammenschließen, wobei Moleküle chemischer Verbindungen entstehen. Die meisten Verbindungen in der unbelebten Natur, die Mineralien, setzen sich nur aus sehr wenigen Elementen zusammen. Aus den Mineralien bilden sich die unterschiedlichen Gesteinsarten. In den meisten Gesteinen der Erdkruste findet man vor allem acht chemische Elemente: Sauerstoff, Silizium, Aluminium, Eisen, Kalzium, Magnesium, Natrium und Kalium. Aus zweien von ihnen (nämlich Silizium und Sauerstoff), die u.a. in den Silikaten miteinander verbunden sind, bestehen 75% aller Gesteine. Die meisten Mineralien sind kristallin, d.h. ihre Atome sind in regelmäßigen Kristallen angeordnet. Aufgabe der Mineralogen ist es, Mineralien zu finden, ihren Aufbau zu bestimmen und Verwendungsmöglichkeiten zu entwickeln.

GOLD
Gold ist sowohl ein Element als auch ein Mineral. Es kommt in der Natur in bis zu 99%iger Reinheit in Gesteinsgängen vor. Für die Anwendung wird es meist mit Silber legiert. Gold bildet kubische (würfelförmige) Kristalle und hat einen hellen, metallischen Glanz. Es ist sehr schwer, aber nicht sehr hart.

SILIZIUM
Das Element Silizium kommt nicht rein vor, sondern nur als Silikat, d.h. mit Sauerstoff verbunden. Es ist schwierig, das Silizium vom Sauerstoff zu trennen. Daher wurde das erste Stück Silizium in ein Medaillon gefasst. Heute wird es in großen Mengen für die Elektronikindustrie hergestellt, die es für Mikrochips benötigt.

New Mexico/USA

WÜSTEN AUS WEISSEM SAND
Dieses weiße Pulver ist Gips, der hier vom Wind abgetragen wurde (S. 50–51). Es besteht aus Kalziumsulfat, also aus den Elementen Kalzium, Schwefel und Sauerstoff. Die Kristalle des Kalziumsulfats kommen in der Natur wasserhaltig, d.h. als Gips, vor. Die Gipskristalle sind so weich, dass sie schon mit dem Fingernagel geritzt werden können. Sie sind meist farblos und transparent, manchmal aber auch weiß.

DIE ELEMENTE DER ERDKRUSTE
Die Erdkruste, auch Lithosphäre genannt, ist die äußerste, feste Schicht der Erde (S. 6–7). Häufigstes Element in ihr ist der Sauerstoff, vor allem in Verbindung mit Silizium. Dabei gruppieren sich vier Sauerstoffatome um ein Siliziumatom und die anderen Elemente ordnen ihre Atome in die freien Räume zwischen den Silizium-Sauerstoff-Gruppen ein. Das ist die Struktur der Silikate und so sind die gesteinsbildenden Kristalle wie Feldspat, Hornblende, Olivin und Glimmer aufgebaut.

VERSCHIEDENE SILIKATE
Zu den Silikaten gehören Talk (u.a. für Kosmetikpuder verwendet) und Beryll. Talk ist ein Magnesiumsilikat. Beryll gibt es in verschiedenen Farben; die hellgrüne Variante mit harten, klaren Kristallen ist der wertvolle Smaragd. Beryll ist ein Aluminiumsilikat mit dem sehr seltenen Element Beryllium.

Aluminium

Kalzium

Eisen

Andere

Silizium

Sauerstoff

Anteile einiger Elemente in der Erdkruste

Beryll

Talk

SILIKATE
Silizium und Sauerstoff bilden das Mineral Quarz, das hauptsächlich als Sand vorkommt. Wie in den Silikaten sind hier die Siliziumatome von je vier Sauerstoffatomen umgeben (rechts).

Si

O

O

O

O

Mineralien bestimmen

Kalzit, Gips und Quarz sehen auf den ersten Blick sehr ähnlich aus: sie haben farblose, transparente Kristalle. Da sie in der Industrie zu verschiedenen Zwecken eingesetzt werden, ist es wichtig, sie auseinander zu halten. Minerale werden nach Aussehen, Farbe, Transparenz (Durchsichtigkeit) und Transluzenz (Lichtdurchlässigkeit) bzw. Opazität (Lichtundurchlässigkeit) unterschieden. Andere wichtige Eigenschaften sind Härte, Glanz, der Strich (die Farbe, die das Mineral auf einer rauen weißen Porzellanplatte hinterlässt), die Dichte sowie die Kristallform. Gründlichere Tests kann man in einem Labor durchführen.

Kalzit — Gips — Quarz

WELCHES MINERAL?
Um die Mineralien in einem Gestein zu bestimmen, arbeiten Geologen zunächst mit der Lupe und führen dann meist den Säuretest durch.

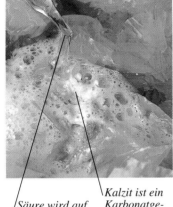

Säure wird auf den Stein getropft.

Kalzit ist ein Karbonatgestein, das daher mit Säure aufschäumt.

Gestein aus Kalzit, Gips und Quarz

1 SÄURETEST
Verdünnte Salzsäure wird auf das Gestein getropft. Dabei schäumt Kalkstein auf, weil er Kohlendioxid abgibt. Daran erkennt man Kalzit.

2 HÄRTETEST
Die Härte von Mineralien wird in der Mohs-Härteskala angegeben. Dabei hat Talk (das weichste Mineral) den Wert 1 und Diamant (das härteste) den Wert 10. Hier wird die Härte mit einer Stahlklinge geprüft. Stahl hat eine Mohs-Härte von etwa 6, sodass es Quarz (Mohs-Härte 7) nicht ritzen kann, wohl aber Kalzit und Gips. Dieser ist weicher als Kalzit, kann daher noch leichter geritzt werden, sogar mit einem Fingernagel (Mohs-Härte 2).

Eine Stahlklinge ritzt Gips.

3 QUARZ
Ein weiteres Hilfsmittel beim Härtetest ist Fensterglas (Mohs-Härte 5). Kalzit (Mohs-Härte 3) ist weicher als Fensterglas, ritzt es also nicht. Auch Gips mit der Mohs-Härte 2 ritzt das Glas nicht, wohl aber Quarz. So kann man diese drei Mineralien sehr leicht unterscheiden.

Quarz ritzt Fensterglas.

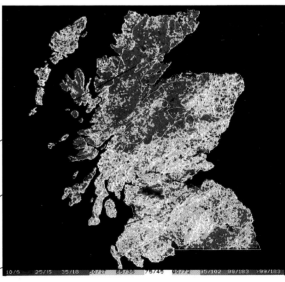

Blau: geringe Kupferkonzentration

Rot: hohe Kupferkonzentration

Gelb: keine ausreichenden Daten

KUPFERKONZENTRATION IN SCHOTTLAND
Zur Bestimmung des Anteils von Mineralien in Flusssedimenten werden in Kilometerabständen Proben entnommen. Die Ergebnisse (hier Kupferkonzentrationen) werden auf einer Karte dargestellt. Sie kann zum Auffinden von Mineralien und bei Umweltuntersuchungen herangezogen werden. Hohe Kupferkonzentrationen weisen die 60 Mio. Jahre alte Lava der Inneren Hebriden und die Granitregionen im schottischen Hochland auf. Die hohe Kupferkonzentration in den Industriegebieten ist nicht natürlichen Ursprungs.

Gesteinsuntersuchung

Neptun, der römische Gott der Meere

Im 16. Jahrhundert verfasste Agricola (S. 8) das erste systematische Buch über die Mineralogie. Es erschien unter dem Titel *De natura fossilium* in lateinischer Sprache. Unter „Fossilien" verstand man damals ausgegrabene Gegenstände, meist Mineralien oder Gesteine. Agricola arbeitete nicht mit spekulativen Behauptungen, wie es vor ihm die alten Griechen und nach ihm die Alchimisten taten. Im 18. Jahrhundert wurden viele Gelehrte durch die Gedanken der Aufklärung dazu angeregt, über den Ursprung der Erde und der Gesteine nachzusinnen. Es entstand ein Meinungsstreit zwischen den Neptunisten (vertreten durch Abraham Werner) und den Plutonisten (vertreten durch James Hutton, S. 8), der die europäischen Wissenschaftler in zwei Lager spaltete. Die Plutonisten behaupteten, dass einige Gesteine vulkanischen Ursprungs seien. Seit gegen Ende des 18. Jahrhunderts das Reisen immer einfacher wurde, konnten die Forscher die vielen Gesteinsarten in verschiedenen Teilen der Erde genauer untersuchen. 1830 veröffentlichte Charles Lyell (S. 62) sein viel beachtetes Werk *Principles of Geology*. Es beeinflusste andere Geologen, die Lyells Theorien über den langsamen, schrittweisen Werdegang der Natur unterstützten.

JAMES DANA
Der amerikanische Geologe James Dana (1813–1895) wurde durch sein Werk *System of Mineralogy* (1837) bekannt. Er behauptete, dass die Landschaftsformen durch Verwitterung und Erosion entstanden und nicht nur durch Katastrophen wie z.B. Erdbeben.

WASSERGESTEINE
Der deutsche Geologe Abraham Werner (1749–1817) begründete die Lehre des Neptunismus, die dem Plutonismus (S. 8) entgegenstand. Die Neptunisten vertraten die Meinung, dass die gesteinsbildenden Substanzen einst im Meerwasser gelöst waren und dass alle Gesteine (auch der Basalt) aus dieser Lösung entstanden sind.

Geologen im Gelände
Die Geologie berührt viele Wissenschaften, z.B. Paläontologie, Petrologie und Geochemie; sie alle befassen sich mit der Erde. Die Geologen beginnen ihre Untersuchungen im Gelände – dort, wo sich das Gestein befindet. Hier notieren sie ihre Beobachtungen, fotografieren und sammeln Proben. Diese werden beschriftet und für den Transport zum Labor verpackt.

Abraham Werner

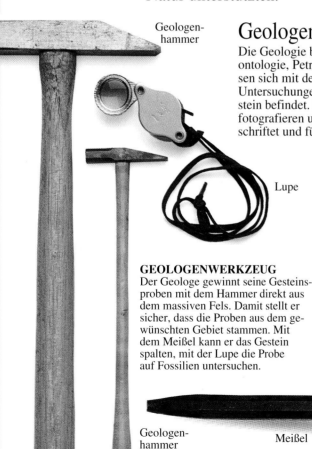

Geologenhammer

Lupe

GEOLOGENWERKZEUG
Der Geologe gewinnt seine Gesteinsproben mit dem Hammer direkt aus dem massiven Fels. Damit stellt er sicher, dass die Proben aus dem gewünschten Gebiet stammen. Mit dem Meißel kann er das Gestein spalten, mit der Lupe die Probe auf Fossilien untersuchen.

Geologenhammer

Meißel

Meißel

SMITHS KARTE (1819)
William Smith (S. 26) veröffentlichte die erste geologische Karte von England. Solche Karten zeigen Geländeformen, z.B. Berge und Täler, sowie die Gesteine der Erdoberfläche. Mit unterschiedlichen Farben wird das jeweilige Alter des Gesteins angezeigt.

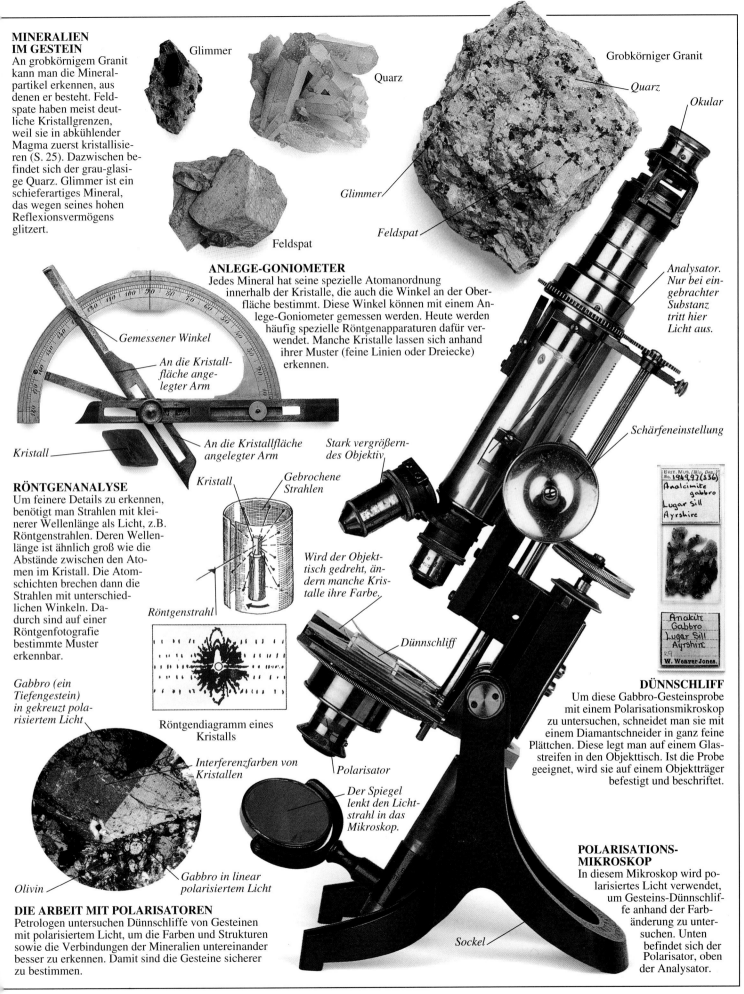

MINERALIEN IM GESTEIN

An grobkörnigem Granit kann man die Mineralpartikel erkennen, aus denen er besteht. Feldspate haben meist deutliche Kristallgrenzen, weil sie in abkühlender Magma zuerst kristallisieren (S. 25). Dazwischen befindet sich der grau-glasige Quarz. Glimmer ist ein schieferartiges Mineral, das wegen seines hohen Reflexionsvermögens glitzert.

Glimmer

Quarz

Feldspat

Grobkörniger Granit

Quarz

Glimmer

Feldspat

Okular

Analysator. Nur bei eingebrachter Substanz tritt hier Licht aus.

Schärfeneinstellung

ANLEGE-GONIOMETER

Jedes Mineral hat seine spezielle Atomanordnung innerhalb der Kristalle, die auch die Winkel an der Oberfläche bestimmt. Diese Winkel können mit einem Anlege-Goniometer gemessen werden. Heute werden häufig spezielle Röntgenapparaturen dafür verwendet. Manche Kristalle lassen sich anhand ihrer Muster (feine Linien oder Dreiecke) erkennen.

Gemessener Winkel

An die Kristallfläche angelegter Arm

Kristall

An die Kristallfläche angelegter Arm

Stark vergrößerndes Objektiv

Kristall

Gebrochene Strahlen

RÖNTGENANALYSE

Um feinere Details zu erkennen, benötigt man Strahlen mit kleinerer Wellenlänge als Licht, z.B. Röntgenstrahlen. Deren Wellenlänge ist ähnlich groß wie die Abstände zwischen den Atomen im Kristall. Die Atomschichten brechen dann die Strahlen mit unterschiedlichen Winkeln. Dadurch sind auf einer Röntgenfotografie bestimmte Muster erkennbar.

Röntgenstrahl

Wird der Objekttisch gedreht, ändern manche Kristalle ihre Farbe.

Dünnschliff

Röntgendiagramm eines Kristalls

Gabbro (ein Tiefengestein) in gekreuzt polarisiertem Licht

Interferenzfarben von Kristallen

Polarisator

Der Spiegel lenkt den Lichtstrahl in das Mikroskop.

DÜNNSCHLIFF

Um diese Gabbro-Gesteinsprobe mit einem Polarisationsmikroskop zu untersuchen, schneidet man sie mit einem Diamantschneider in ganz feine Plättchen. Diese legt man auf einem Glasstreifen in den Objekttisch. Ist die Probe geeignet, wird sie auf einem Objektträger befestigt und beschriftet.

Olivin

Gabbro in linear polarisiertem Licht

DIE ARBEIT MIT POLARISATOREN

Petrologen untersuchen Dünnschliffe von Gesteinen mit polarisiertem Licht, um die Farben und Strukturen sowie die Verbindungen der Mineralien untereinander besser zu erkennen. Damit sind die Gesteine sicherer zu bestimmen.

Sockel

POLARISATIONS-MIKROSKOP

In diesem Mikroskop wird polarisiertes Licht verwendet, um Gesteins-Dünnschliffe anhand der Farbänderung zu untersuchen. Unten befindet sich der Polarisator, oben der Analysator.

Vulkanische Gesteine

Vulkanische Gesteine sind die Urgesteine auf der Erdoberfläche. Das erste Gestein war vulkanisch und entstand, als die Erde abkühlte. Magma ist die Bezeichnung für das geschmolzene Material, das auf vielfältige Art und Weise kristallisiert, wobei sich die verschiedenartigen Mineralien bilden, die wir in vulkanischen Gesteinen finden. Magma wird im Erdinneren ständig neu gebildet. Dieser Prozess kann jedoch nicht beobachtet werden. Daher beruhen die Theorien der Wissenschaftler nur auf Annahmen. Da der Vesuv im 18. Jahrhundert immer wieder vulkanische Aktivität zeigte, hatte der französische Mineraloge Dolomieu die Gelegenheit einen aktiven Vulkan zu beobachten. Dabei kam er zu der Überzeugung, dass der Ursprung der Lava tief im Erdinneren liegt. Ein Teil der Magma kühlt schon innerhalb der Erdkruste ab und erstarrt. Dies nennt man Intrusion (S. 51). Zu Beginn des 20. Jahrhunderts untersuchte der kanadische Petrologe Norman Bowen (1887–1956) die Art und Weise, in der flüssige Silikate beim Abkühlen kristallisieren. Dabei arbeitete er mit geschmolzenen Silikaten, die dem natürlichen Magma ähneln. Er entdeckte, dass zuerst die Metalloxide auskristallisieren, da ihre Schmelzpunkte am höchsten sind. Die schließlich entstehenden Kristalle sind das Ergebnis einer Wechselwirkung zwischen den zuerst gebildeten Kristallen und der Flüssigkeit, die übrig blieb und eine andere chemische Zusammensetzung hatte.

Guy Tancrède de Dolomieu (1750–1801)

Verwittertes Gestein wird abgetragen und allmählich zu Sedimentgestein.

Wird Gestein stark genug erhitzt, kann es sich erneut in glutflüssiges Magma verwandeln.

Sedimentgestein lagert sich ab.

Sedimentgestein kann durch Hitze und Druck in anderes Gestein umgewandelt werden.

LANGSAME ABTRAGUNG EINES GEBIRGSZUGS
Bei der Entstehung eines Gebirgszugs werden tief liegende Gesteine emporgehoben (S. 46–47). Während sich das Gebirge noch hebt, werden die Berggipfel schon durch Verwitterung abgetragen. Dieser Granitfelsen im süd-englischen Dartmoor kristallisierte einst weit unterhalb der Erdoberfläche und war Teil einer Intrusion, die man Batholith nennt (S. 51). Nach der Erosion blieben „Felsburgen" wie diese zurück.

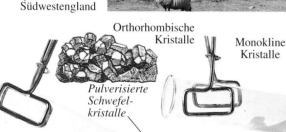

Erodierter Granit

KREISLAUF DER GESTEINE
Durch den Gesteinskreislauf wird die Erdoberfläche ständig erneuert. Vulkanisches Gestein gelangt an die Luft, wird abgetragen und schließlich zu Sedimentgestein (S. 26–27). Dieses wird in metamorphes Gestein (S. 28–29) umgesetzt und schmilzt dann, um später wieder vulkanisches Gestein zu werden.

Haytor, Dartmoor/ Südwestengland

Orthorhombische Kristalle

Monokline Kristalle

Pulverisierte Schwefel-kristalle

Geschmolzener Schwefel

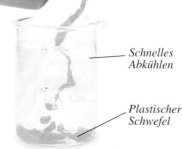

ABGEKÜHLTE KRISTALLE
Wird eine Flüssigkeit ganz plötzlich abgekühlt, entsteht eine glasartige Struktur, die keine Kristallordnung zeigt. Sie kann sich von dem entsprechenden kristallinen Material sehr stark unterscheiden. Beim Abschrecken wird Schwefel plastisch und Silikate oder Magma ergeben natürliches Glas.

Schnelles Abkühlen

Plastischer Schwefel

RIESENKRISTALLE
Wenn eine Flüssigkeit langsam abkühlt, entstehen große Kristalle, weil die Atome genug Zeit haben sich anzuordnen. Das Element Schwefel bildet orthorhombische oder monokline Kristalle – je nach Temperatur. Der Granit von Haytor kühlte etwa 1 Mio. Jahre lang aus; seine Kristalle sind bis zu 5 cm groß.

ERHITZTE KRISTALLE
Wird geschmolzener Schwefel nicht zu schnell abgekühlt, bilden sich bei etwa 90 °C nadelförmige monokline Kristalle. In der Natur findet man solche Kristalle bei vulkanischen heißen Quellen, an denen eine ähnlich schnelle Abkühlung erfolgt.

MAGMA-RECYCLING *links*

Das Magma hat seinen Ursprung im Erdmantel, in dem die Gesteinsschmelze stattfindet. Die geschmolzenen Gesteine bahnen sich langsam den Weg nach oben. Basalt ist das vulkanische Gestein, das in der Zusammensetzung seinem Ausgangsgestein, dem des Erdmantels, am ähnlichsten ist. Basaltartiges Gestein steigt in einem Lavaschlot nach oben und ergießt sich über den Meeresboden wie hier bei Hawaii. Wenn der Meeresboden wieder abtaucht, schmilzt er teilweise und gelangt als Magma erneut nach oben.

Vulkan — *Kontinentale Kruste*

Meeresboden dringt in den Erdmantel ein. — *Aufsteigendes Magma*

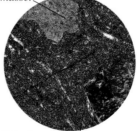

Glas

Abkühlungsspalten — *Sphärolithen (runde Kristallkörperchen)*

Obsidian-Dünnschliff in gekreuzt polarisiertem Licht

OBSIDIAN

Obsidian ist ein natürliches Glas. Es entstand aus Magma, das bei der Eruption zu schnell abkühlte, um kristallisieren zu können.

Bei einer Porphyr-Struktur liegen größere Kristalle in einer feinkörnigen Grundmasse.

Beim Lavafluss abgekühlte Kristalle

Felsit-Dünnschliff in gekreuzt polarisiertem Licht

FELSIT

Die größeren Quarz- und Feldspatkristalle im Felsit entstanden beim langsamen Abkühlen des Magmas vor der Eruption.

Später gebildeter Quarz — *Glimmer in den Zwischenräumen*

Feldspat kristallisierte zuerst.

Granit-Dünnschliff in gekreuzt polarisiertem Licht

GRANIT

Obsidian, Felsit und Granit haben die gleiche Zusammensetzung, kühlten aber unterschiedlich schnell ab (Granit am langsamsten).

Sedimentgesteine

Wenn Gestein (auch hartes Magmatitgestein wie Granit) der Einwirkung von Luft und Wasser ausgesetzt ist, verwittert es allmählich (S. 50–51). Dabei tritt Wasser in die Mineralstruktur ein und löst dort chemische Reaktionen aus, die das Gestein zersetzen. Kleine Teilchen des verwitterten Gesteins werden vom Regen fortgeschwemmt oder vom Wind weggeweht. Sie bleiben an anderen Stellen liegen. Dort überlagern sich nach und nach verschiedene Schichten abgelagerter Gesteinsteilchen. In diesen Schichten können sich auch organische Materialien wie Pflanzen oder Überreste toter Tiere ansammeln. Mit der Zeit werden die Ablagerungen – man nennt sie Sedimente – immer dichter und härter. Das Grundwasser sickert durch die Sedimentschichten und hinterlässt Mineralien, die die Sedimentteilchen weiter verfestigen. So versteinert das Sediment nach einiger Zeit. Wenn man weiß, auf welche Weise sich die Sedimente bilden, kann man die betreffende Landschaft so rekonstruieren, wie sie vor langer Zeit ausgesehen hat. Auf paläo-geographischen Karten zeichnet man die Landmassen so ein, wie sie vor vielen Millionen Jahren aufgebaut waren.

WILLIAM SMITH (1769–1839)
Der englische Ingenieur W. Smith plante Kanalstrecken. Er erkannte u.a., dass bestimmte Sedimentschichten stets dieselben Fossilien enthalten. Er folgerte schließlich, dass sich das älteste Gestein in der untersten Schicht befindet.

SANDGRUBE
Die Sandschichten in dieser Grube sind etwa 100 Mio. Jahre alt. Sie bildeten sich in einem Flachsee. Die Sandsteinschichten wurden von grauem Geschiebemergel (S. 59) überlagert. Der Sand wird für Sportplätze und für Wasserfilter verwendet.

SANDSTEIN
Dieser Sandstein ist dem Wüstensand (S. 55) sehr ähnlich. Man erkennt ohne Lupe die Körner. Manche Sandsteinarten sind anhand ihrer Farbe und Bänderung zu erkennen. Die Schichten entstanden durch Winde, die die Sandkörner nach Größe und Dichte sortierten. Die in manchen Sandsteinen konzentriert auftretenden Mineralien mit farbiger Bänderung sind meist schwerer als normale Sandkörner.

*Quarz-
körnchen*

Sandstein-Dünnschliff in
gekreuzt polarisiertem Licht

Roter Sandstein   *Gleichmäßige Struktur*

DIE ENTSTEHUNG VON SEDIMENTEN
Durch starken Regen werden Sandkörner und verwitterte Teilchen vom Gestein abgelöst und zusammen mit Bodenpartikeln (S. 52–53) vom Wasser fortgespült. Wo das Wasser langsamer strömt, lagern sie sich als Sediment ab. Die trübe Färbung von Flüssen rührt von den Teilchen her, die sie mit sich führen. Diese können aus Lehm, Sand oder Kies bestehen (S. 57).

Kies

Fossile Muschel

Muschelkalk

Entstehung von Erdöl

Erdöl entstand aus den Resten abgestorbener Pflanzen. Diese verrotteten, sanken auf den Meeresgrund und gingen in das Sediment ein. Durch ständige Ablagerung neuer Schichten stieg der Druck auf das Sediment und damit auch die Temperatur. Allmählich wurden die organischen Pflanzenreste zu einer öligen Flüssigkeit. Diese stieg durch die Poren des durchlässigen Gesteins (S. 15) nach oben und sammelte sich unterhalb einer undurchlässigen Schicht in den Poren von Sand- oder Kalkstein.

KALKSTEIN

Lebewesen im Wasser nehmen darin gelöstes Kalziumbikarbonat auf und verwandeln es in Kalziumkarbonat (Kalk). Die Tiere bilden daraus Gehäuse oder Skelette und die Pflanzen bauen es in ihre Zellen ein. Aus den Überresten dieser Lebewesen entsteht Kalkstein.

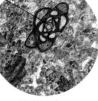

Fossile Muschel

Kalkstein-Dünnschliff in linear polarisiertem Licht

Sandstein aus einem Bohrloch

Erdöl

ERDÖL FÜHRENDES GESTEIN

Wenn sich Sedimente in Gestein verwandeln, bleiben zwischen den Partikeln freie Räume, die nicht mit Mineralien gefüllt sind. Die Porenräume dieses Sandsteins enthalten unter hohem Druck stehendes Erdöl. Wegen seiner Oberflächenspannung und seiner Zähigkeit kann man das Öl dem Gestein nicht völlig entziehen.

TONSTEIN

Die Körnchen des Tonsteins sind nur unter dem Mikroskop zu erkennen. Lehm und Schlick bestehen aus den kleinsten Teilchen, die bei der Verwitterung von Quarz und Feldspat entstehen. Schlick hat etwas größere Körner als Lehm. Tonstein bildet sich in Meeren, Seen und den Mündungen großer Ströme.

TRÜMMERGESTEIN

Ein Sediment mit runden Kieseln, deren Zwischenräume Sand enthalten, heißt Trümmergestein. Ursprünglich bestand dieses Sediment aus Flussschotter, in dem sich Kiesel und Sand verfestigt haben.

Kiesel sind aus hartem Quarz.

ERDÖLBOHRUNG

Wenn es die Gesteinsstruktur zulässt, sammelt sich Erdöl an. Wo es in großer Menge auftritt, kann es gefördert werden. Die Geologen versuchen von der Erdoberfläche oder dem Meeresboden aus, Erdöl führende Schichten zu finden.

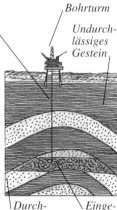

Bohrgestänge

Bohrturm

Undurchlässiges Gestein

Durchlässiges Gestein

Eingeschlossenes Erdöl

Sand

Muschel

Metamorphe Gesteine

Metamorphe Gesteine entstanden durch Umwandlung von vulkanischen, von Sediment- oder von anderen metamorphen Gesteinen. Die meisten Metamorphosen (Umwandlungen) vollziehen sich tief unter jungen Gebirgszügen, wenn die Gesteine gefaltet und zusammengepresst werden. Obwohl diese Gesteine nie richtig schmelzen, verändern sich ihre Struktur und ihr Aussehen völlig, indem sich ihre Kristalle in neue, sog. metamorphe Kristalle umwandeln. Voraussetzung dafür sind hoher Druck und hohe Temperatur. Metamorphosen dauern sehr lange. Zunächst muss das Gestein in eine Tiefe gelangen, in der die Metamorphose stattfinden kann; erst dann kann die langsame Umkristallisierung ablaufen. Viel später gelangen die metamorphen Gesteine an die Erdoberfläche. Zuvor müssen aber die Gebirgsketten angehoben und wieder völlig abgetragen worden sein (S. 46–47). Der ganze Vorgang – von der Bildung des Sedimentgesteins bis zu seiner Metamorphose – dauert rund 100 Millionen Jahre.

EXPERIMENTATOR
Der Schotte Sir James Hall (1761–1832) setzte pulverisierten Kalkstein in einem Gewehrlauf unter hohem Druck und erhitzte ihn. Es entstand kristalliner Marmor. Bei diesem Experiment vollzog sich eine Metamorphose des Kalksteins.

SIR JAMES HALL BART.

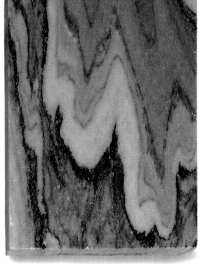

GESCHLIERTER CIPOLLINO-MARMOR
Kalkstein aus reinem Kalk (S. 27) wird bei einer Metamorphose zu weißem Marmor umkristallisiert. Viele Kalksteine enthalten auch Quarzsand, Ton oder sogar Eisen. Werden sie umgewandelt, entsteht farbiger Marmor, oft mit faltenartigen Schlieren. Diese beweisen, dass das Gestein während der Gebirgsbildung entweder in plastischer oder in brüchiger Form vorlag (S. 20).

ERHÖHTER DRUCK
Durch Metamorphose kann Tonstein zu kristallinem, glitzerndem Gestein werden. Dabei wird Ton aus Flachseen bei Gebirgsbildungen in tiefere Schichten verlagert. Das erste Anzeichen einer Metamorphose ist die Bildung winziger Glimmerkristalle. Bei hohem Druck entsteht daraus Tonschiefer (1). Phyllit (2) wird durch noch intensivere Umkristallisierung gebildet. In größerer Tiefe entsteht kristalliner Schiefer, in dem sich große Glimmer- oder Zyanitkristalle anreichern können (3). Deren Kristallisation wird auch durch Hitze gefördert.

Sandstein
Kontakthof
Kalkstein
Granit
Marmor

KONTAKT ZU HEISSEM GRANIT
Wenn geschmolzener Granit in anderes Gestein eindringt, wird dieses umgewandelt, sobald es mit ihm in Berührung kommt. Die Umgebung des dabei gebildeten metamorphen Gesteins heißt Kontakthof.

Steigender Druck

1. Tonschiefer

SPALTEN VON TONSCHIEFER
Im Tonschiefer sind die Glimmerkristalle parallel angeordnet. Daher kann er sehr leicht in Platten aufgespalten werden.

2. Phyllit

Quarz
Granat
Glimmer

AUS TONSTEIN WIRD GRANAT
Bei der Metamorphose von Tonstein entstehen zuerst Glimmerkristalle, die sich nach dem kleinsten Druck ausrichten. Später entsteht Granat.

Bläulicher Zyanit

3. Zyanitschiefer

UMKRISTALLISIERUNG

Die Umkristallisierungen bei Metamorphosen finden im festen Zustand statt, vergleichbar mit dem Schmieden von Stahl, der zuvor erhitzt wurde. Stahl besteht aus Kristallen, die sich durch die Druckwirkung der Schläge beim Schmieden neu anordnen. Dabei verlassen einige Atome ihre Position und lagern sich an Stellen geringeren Drucks an. Hier fügen sie sich in vorhandene Kristallstrukturen ein.

Stahlstab

Veränderte Kristallstruktur

Rot glühender Stahlstab

Titan-Dünnschliff

Der Stab kommt zur Weißglut.

UMWANDLUNG VON METALL

Die Struktur dieses Stücks Titan wurde durch Kaltverformung verändert, wobei die Oberflächenkristalle aufgrund des Drucks ihre Struktur anpassten. Auf diese Weise oder durch Erhitzen wandeln sich Gesteine um, ohne zu schmelzen. Unter bestimmten Umständen schmelzen Gesteine zu Magma, z.B. wenn glühendes Granitmagma in den Gebirgen aufsteigt und das angrenzende Gestein schmilzt; dabei dehnt sich das Magma aus.

Die Form verändert sich ohne Schmelzen.

Im Stab bilden sich neue Kristalle.

Chiastolith-Kristall

1. Chiastolith-Hornfels

Granat

Zunahme von Temperatur und Druck

2. Granat-Hornfels

Anhäufung von Glimmer

3. Migmatit

Quarzreicher Bereich

HITZE UND DRUCK

Tonstein und Tonschiefer können in Kontakt mit Magma Chiastolith-Kristalle (1) aufbauen. Dabei entsteht Hornfels. Bei Metamorphosen in größerer Tiefe, d.h. bei höherer Temperatur, bildet sich Granat (2), und wenn das Gestein fast schmilzt, entsteht Migmatit oder Mischgestein (3).

Der Stab wird mit einem Hammer bearbeitet.

Die Glimmeranhäufungen verwittern schneller.

Auch komplizierte Formen lassen sich so erzeugen.

REGIONALMETAMORPHOSE

Dieser Gneis war Teil eines nordfranzösischen Gebirges, das lange vor der Entstehung der Alpen abgetragen war. Gneis entsteht bei der Metamorphose ganzer Regionen. Solche Regionalmetamorphosen finden bei Gebirgsbildungen statt.

ROT GLÜHENDES METALL

Stahlstäbe können durch Erhitzen und Hämmern leicht verformt (geschmiedet) werden. Dabei orientieren sich die Kristalle um.

Die Erkundung der Meere

Moderne meereskundliche Forschungen wurden schon Ende des 19. Jahrhunderts durchgeführt. Bahnbrechende Ergebnisse erzielte man bei den Expeditionen des britischen Forschungsschiffes *Challenger*. Die USA gingen daran, unter Führung von Alexandre Agassiz (1835–1910) den Atlantik und den Pazifik zu erforschen. Und auch deutsche und schwedische Schiffe brachen zu Erkundungsfahrten in den Atlantik auf. Die britische Regierung förderte die *Challenger*-Expeditionen, um international mithalten zu können, denn man erhoffte sich von den geplanten Untersuchungen Antworten auf viele Fragen: Existiert auch in großer Tiefe noch irgendeine Form von Leben? Können Meeresströmungen gemessen werden? Besteht das Sediment am Meeresboden aus dem bekannten Kalkstein? Durch die *Challenger*-Expeditionen konnten zwar einige dieser Fragen beantwortet, aber die Unklarheiten über die Meeresströmungen nicht vollständig ausgeräumt werden. Heute weiß man, dass die Strömungen von sehr vielen unterschiedlichen Einflüssen abhängen. Durch Tiefensondierungen hat die *Challenger* mitten im Atlantischen Ozean untermeerische Bergrücken (S. 38–39) und im Pazifischen Ozean den 11.022 m tiefen Marianengraben, die größte Tiefe aller Meere, geortet.

UNVORSTELLBAR TIEF
1869 erschien der Roman *20.000 Meilen unter dem Meer* des Franzosen Jules Verne (1828–1905). Er beschrieb ein U-Boot, dessen Technik seiner Zeit weit voraus war. Vernes Weitblick wird klar, wenn man sich in seine Zeit zurückversetzt, als seine Darstellung von damals unzugänglichen Teilen der Erde noch reine Fantasie war.

Röhre mit Skala

Glaskolben

DAS ARÄOMETER
Auf der *Challenger* wurde auch untersucht, wie Salzgehalt und Temperatur mit der Wassertiefe variieren. Die Dichte bzw. der Salzgehalt wurde mit einem solchen Aräometer bestimmt. Der warme Golfstrom im Atlantik war schon bekannt. Bei den Expeditionen der *Challenger* fand man heraus, dass das Wasser in der Tiefe viel kälter als an der Oberfläche ist.

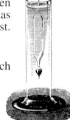

Dieser Stich zeigt ein in Flüssigkeit eingetauchtes Aräometer.

DIE HISTORISCHE EXPEDITION
Die berühmte Expedition der *Challenger* dauerte von 1872 bis 1875. Dabei legte das Schiff 111.000 km zurück, um die Meere zu vermessen und Proben zu nehmen. Wäre ein Physiker mitgefahren, hätte er mithilfe der vielen Beobachtungen den Einfluss von Salzgehalt, Temperatur, Wasserdichte, Meeresbodenneigung und Klima auf den Wasserkreislauf der Meere erforschen können.

Quecksilber als Gewicht

DIE ERDE IST KEINE SCHEIBE
Im 16. Jh. leitete der portugiesische Seefahrer Fernando Magellan (1480–1521) eine Expedition um die Welt. Durch diese Erkundungsfahrten konnte er beweisen, dass die Erde keine Scheibe ist. Er ermittelte auch die Wassertiefen. Doch segelte er immer in Küstennähe, wo die Meere sehr flach sind, und gelangte so zu falschen Ergebnissen.

AN BORD

Die Forscher an Bord der *Challenger* erkannten Zusammenhänge zwischen Sedimenten und dem Leben im Meer. Die Proben zeigten, dass das *Globigerina*-Plankton in fast allen Meeren vorkommt. Nach dem Absterben bilden die Gehäuse am Meeresboden kalkhaltigen Schlamm (S. 13).

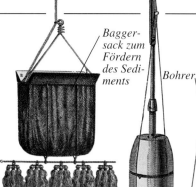

Bagger-sack zum Fördern des Sedi-ments

Bohrer

Die Senkge-wichte wur-den vor dem Auftauchen entfernt.

Schutz-behälter aus Mes-sing

Das Netz wurde am Meeresbo-den nachgezogen.

UNTERWASSERBAGGER

Obwohl im relativ flachen Atlantik Globigerinen leben, fand man anstelle ihres Schlamms rötlichen Ton am Boden. Je tiefer das Wasser ist, desto geringer ist der Anteil an *Globigerina*-Gehäusen am Boden. Das liegt daran, dass sich diese im tieferen Wasser auflösen und das rötliche Material vom Land angespült wurde.

Senkgewichte zogen die Leine nach unten und den Bohrer in den Schlick.

Durchsieben des Sediments auf der *Challenger*

Objektträger mit Proben

Hier war die Hanfleine befestigt.

Ton vom Meeres-boden Globigerinen-Schlamm Muschelsand Sediment

BEWEISE

Vom Sammeln der Proben bis zur Veröffentlichung der Ergebnisse vergingen 15 Jahre. Das Material wurde in Gefäßen aufbewahrt, an denen Längen- und Breitengrad der Fundstelle sowie Wassertiefe und Art des Materials verzeichnet waren.

Quecksilber-thermometer mit Glas-kapillare

GESCHWINDIGKEIT

Zur Messung von Meeresströmungen muss man die Geschwindigkeit des Schiffes kennen. Dieses Gerät hatte drei Zahnräder, die sich mit einer Schraube drehten. Daraus errechnete man die zurückgelegte Strecke. Die zu Wasser gelassenen Apparaturen hingen an Hanfleinen, die sich mit Wasser voll sogen und sehr schwer wurden.

Streckenanzeige (in Fuß)

Schraube

Dieses Zahnrad zeigte Teile einer Meile an.

Dieses Zahnrad zeigte die zurückgelegte Strecke in Meilen an.

TEMPERATURMESSUNG

Auf der *Challenger* verwendete man Thermometer, die nur Höchst- und Tiefstwerte angaben. Dieses Gerät zeigte die Temperatur in der Tiefe auch dann an, wenn es durch kältere oder wärmere Schichten gezogen wurde. Man fand heraus, dass das Oberflächenwasser nahe der Antarktis um 16 °C kälter ist als in 550 m Tiefe.

Beschwerte Schnur zum Ab-senken des Behälters

Ozeanographie heute

Moderne ozeanographische Untersuchungen erbrachten wesentliche neue Erkenntnisse über die Erde und über die Vorgänge, durch die ihre Oberfläche geformt und verändert wird. In den frühen 60er-Jahren beschloss man ein Loch bis in den Erdmantel hinein zu bohren. Diese sog. „Mohorovicic-Bohrung" musste dort durchgeführt werden, wo die Erdkruste am dünnsten ist, also von einem schwimmenden Schiff aus. Durch seismische Messungen (S. 40) war bereits bekannt, dass der Meeresboden eine Schichtstruktur hat. Bei der Bohrung konnten diese Schichten aufgenommen und auf ihre Zusammensetzung hin untersucht werden. Die Mohorovicic-Diskontinuität – die Grenze zwischen Erdkruste und Erdmantel (S. 40) – konnte allerdings nicht erreicht werden. Daher begann 1964 das US-Bohrschiff *Glomar Challenger* die Meere zu befahren und Sedimente des Meeresbodens zu sammeln. Heute werden Meeresbodenaufnahmen von ferngesteuerten Unterwasser-Sondiergeräten sowie von Satelliten aus erstellt. Mithilfe von Computern können die Meeresströmungen sichtbar gemacht werden.

LEBEN IN DER TIEFSEE
In der Tiefsee ist es sehr dunkel. Um Meerespflanzen und -tiere zu erforschen, muss man die Helligkeit in der jeweiligen Tiefe kennen. Die Photosynthese kann mit nur 1% des Sonnenlichts ablaufen. Lebewesen wie der Seeteufel senden Lichtsignale aus, die Beute anlocken.

ERFORSCHUNG DER TIEFE
Die Proben der *Glomar Challenger* lieferten Erkenntnisse über das Auseinanderdriften des Meeresbodens (S. 38–39): Der Basalt ist umso jünger, je näher er sich bei den untermeerischen Rücken (S. 30) befindet. Zudem sind die Sedimente an den Meeresrücken neuesten Datums; also entstehen hier neue Gesteine.

PLANKTONNETZE
Kleinste Pflanzen und Tiere bilden Plankton, das von mikroskopisch kleinen Algen bis zu Garnelen reicht. Die größeren Meereslebewesen ernähren sich davon. Ozeanographen bestimmen mithilfe spezieller Planktonnetze u.a. das Mengenverhältnis von tierischem und pflanzlichem Plankton. In den Gewässern der Antarktis stellte man fest, dass sich das Tierplankton im Meerwasser vom Pflanzenplankton ernährt; dagegen lebt es in Küstengewässern von Bakterien.

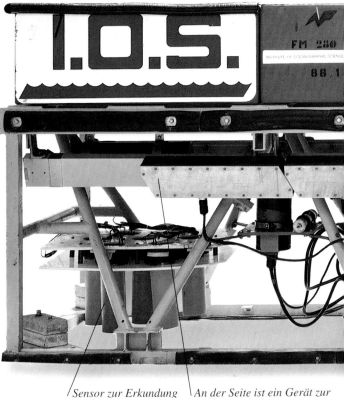

PLANKTON-ERKENNUNG
Die Wissenschaftler haben heute modernste Hilfsmittel zur Verfügung. Auf Satellitenfotos können sie die Verteilung von Plankton an der Oberfläche der Meere bestimmen wie hier im Indischen und im Pazifischen Ozean. Ebenso können Salzgehalt und Temperatur ermittelt werden.

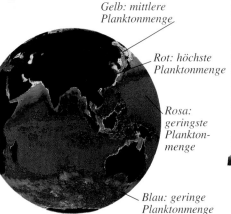

Gelb: mittlere Planktonmenge

Rot: höchste Planktonmenge

Rosa: geringste Planktonmenge

Blau: geringe Planktonmenge

Sensor zur Erkundung der Meeresbodensedimente

An der Seite ist ein Gerät zur Unterwasserortung angebracht.

„Schallbilder"

Das Meer ist schon in wenigen hundert Metern Tiefe zu dunkel zum Aufnehmen von Fotos. Man kann den Meeresboden aber mithilfe von Schallwellen erforschen. Die erste Methode dieser Art war die Echolotung. Moderne Ortungsverfahren mit Computerunterstützung liefern heute sehr detaillierte Bilder. Aus ihnen werden Karten von Gebieten erstellt, die von besonderem Interesse sind.

Mutterschiff

Ausleger *Schlepptau* *Mutterschiff*

Senkgewicht

Verbindungskabel

Nahbereich

WIE FUNKTIONIERT DIE ORTUNG?

Bilder vom Meeresboden werden von einem Scanner (Abtaster) anhand der Echos erzeugt, die am Boden durch Reflexion regelmäßiger Schallwellen entstehen. Die kleinste erfassbare Fläche ist ungefähr so groß wie ein Billardtisch. In Kürze werden empfindlichere Geräte sogar einzelne Sedimentpartikel registrieren.

TOBI, DER MEERESBODENFORSCHER

TOBI ist die Abkürzung der englischen Bezeichnung für ein ferngesteuertes Gerät zur Meeresbodenvermessung. Es kann 6000 m tief tauchen und weist mehrere unterschiedliche Instrumente zur Untersuchung des Meeresbodens auf. Die Daten werden per Kabel zum Mutterschiff geleitet und dort gespeichert.

COMPUTERBILD VON MEERESSTRÖMUNGEN

Die Meeresströmungen um die Antarktis (rechts) sind am stärksten, wo sich Blau und Rot am nächsten kommen. Die Meere spielen eine wichtige Rolle für das Klima; daher sind solche Daten nützlich bei der Vorhersage von Klimaänderungen.

Senkgewicht

Signale werden zum Schiff übertragen.

Schlepptau mit 10 km Länge

TOBI IM SCHLEPPTAU *oben*
TOBI ist durch ein Schlepptau mit dem Mutterschiff verbunden. Es hat eine Reichweite von 3 km und schwebt, 3 Knoten schnell, 300 m über dem Meeresboden.

Antarktis

Simulierte Meeresströmungen

Wo sich Rot und Blau am nächsten kommen, sind die Strömungen am stärksten.

Untermeerisches Flusstal vor der Westküste der USA

Flussbett

FLUSS IM MEER
Dieses von *TOBI* erstellte Bild zeigt ein untermeerisches Flusstal. Es entstand durch strömende Sedimente, die vom Kontinent ins Meer gespült wurden.

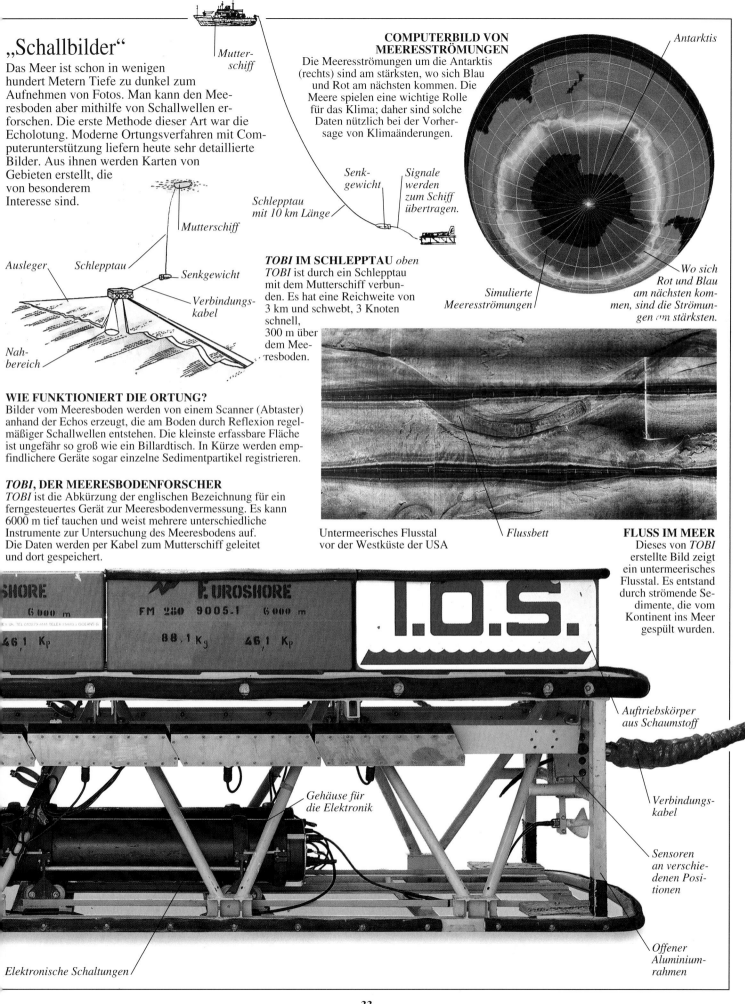

Auftriebskörper aus Schaumstoff

Gehäuse für die Elektronik

Verbindungskabel

Sensoren an verschiedenen Positionen

Elektronische Schaltungen

Offener Aluminiumrahmen

Kontinentalverschiebung

F orm und Größe der Kontinente unterliegen einem ständigen Wandel, der sich jedoch außerordentlich langsam vollzieht. Schon auf frühen Karten des Südatlantiks war zu erkennen, dass die Küstenlinien der Kontinente gut aneinander passen. Erst viel später konnte man erklären, wie sich die Kontinente bewegen und wie solche übereinstimmenden Konturen entstehen können (S. 36–37). Heute weiß man, dass sich die Erdteile bewegen; man kann sogar ermitteln, wie schnell sie das tun, nämlich mit einigen Zentimetern pro Jahr. 1915 veröffentlichte der deutsche Meteorologe und Geophysiker Alfred Wegener (1880–1930) seine berühmte

Atlas mit der Erde auf den Schultern

Theorie der Kontinentalverschiebung. Darin beschrieb er, wie der alte „Superkontinent" (in der Wissenschaft als „Pangäa" bezeichnet) vor etwa 300 Millionen Jahren auseinander brach und sich der Atlantische Ozean dort ausbreitete, wo sich Afrika von Südamerika abspaltete. Eduard Süß (S. 42) schlug für diesen Südkontinent den Namen „Gondwanaland" vor, benannt nach einer zentralindischen Landschaft. Auch der Nordkontinent „Laurasia" brach auseinander: Nordamerika spaltete sich von Eurasien ab und Grönland blieb als Insel dazwischen. Es scheint, als würden durch Verschiebungen in der Erdkruste ständig Kontinente auseinander gebrochen oder zusammengeschoben, wobei ein Zyklus mehrere hundert Millionen Jahre dauert.

SIR FRANCIS BACON (1561–1626)
Nach der Entdeckung Amerikas und der kartographischen Darstellung der Atlantikküsten fiel dem Philosophen Francis Bacon auf, dass die Küstenlinien beider Kontinente aneinander passen.

DIE DARSTELLUNG DER ERDE
1569 erstellte der flämische Kartograph Gerhardus Mercator (1512–1594) eine Weltkarte, die auf den Darstellungen damaliger Weltreisender beruhte. Der Verlauf der Küsten wurde durch Expeditionen immer genauer bekannt. Die Reisen von Magellan, Vasco da Gama und Kolumbus haben die Kenntnisse über die Erde in kurzer Zeit mehr als verdoppelt. Mercators Karten zeigten, dass die Erdoberfläche zum größten Teil (etwa zu drei Vierteln, wie wir heute wissen) von Meeren bedeckt ist, über die man damals aber noch wenig wusste.

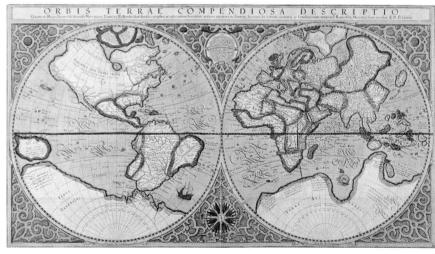

*Lystrosaurus-*Schädel

LYSTROSAURUS
Fossile Reste von Landlebewesen wie dem *Lystrosaurus* beweisen, dass die südlichen Kontinente einst vereint waren, denn die Fossilien einiger Tierarten wurden in allen südlichen Erdteilen gefunden.

Die Küste Namibias

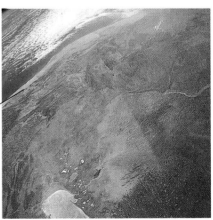

DIE WÜSTE NAMIB
Einige Gesteine aus Westafrika ähneln Gesteinen aus Südamerika. Sie entstanden vor dem Auseinanderbrechen Gondwanalands.

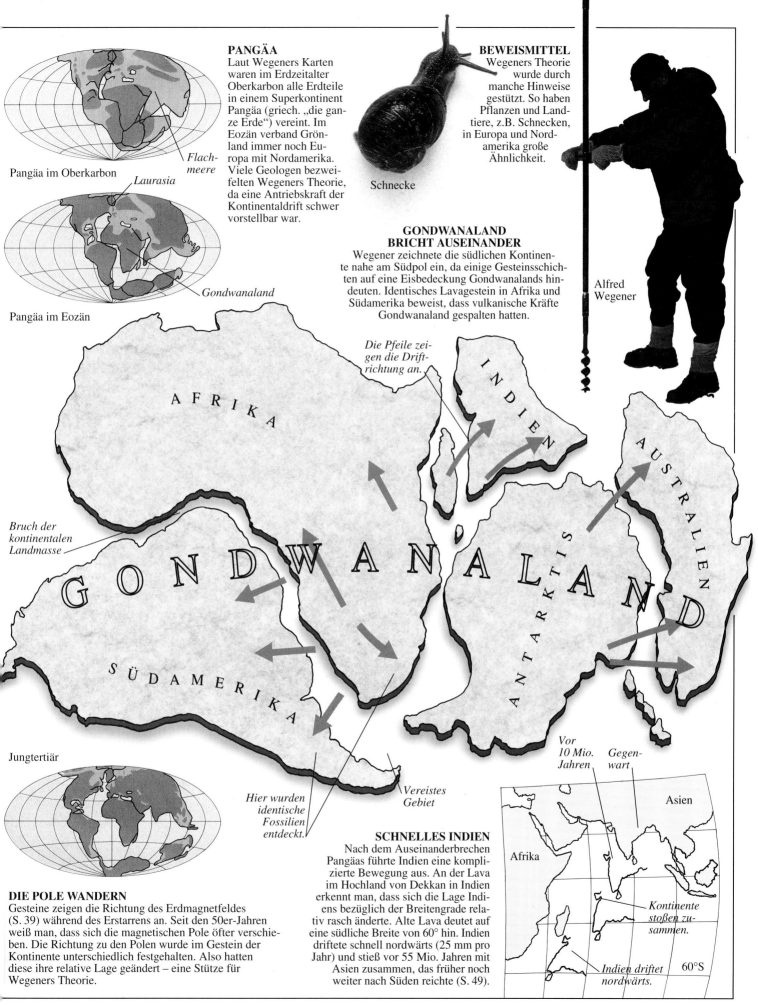

PANGÄA

Laut Wegeners Karten waren im Erdzeitalter Oberkarbon alle Erdteile in einem Superkontinent Pangäa (griech. „die ganze Erde") vereint. Im Eozän verband Grönland immer noch Europa mit Nordamerika. Viele Geologen bezweifelten Wegeners Theorie, da eine Antriebskraft der Kontinentaldrift schwer vorstellbar war.

Pangäa im Oberkarbon

Flach-meere

Laurasia

Gondwanaland

Pangäa im Eozän

BEWEISMITTEL

Wegeners Theorie wurde durch manche Hinweise gestützt. So haben Pflanzen und Landtiere, z.B. Schnecken, in Europa und Nordamerika große Ähnlichkeit.

Schnecke

Alfred Wegener

GONDWANALAND BRICHT AUSEINANDER

Wegener zeichnete die südlichen Kontinente nahe am Südpol ein, da einige Gesteinsschichten auf eine Eisbedeckung Gondwanalands hindeuten. Identisches Lavagestein in Afrika und Südamerika beweist, dass vulkanische Kräfte Gondwanaland gespalten hatten.

Die Pfeile zeigen die Driftrichtung an.

A F R I K A

I N D I E N

Bruch der kontinentalen Landmasse

A U S T R A L I E N

G O N D W A N A L A N D

A N T A R K T I S

S Ü D A M E R I K A

Jungtertiär

Hier wurden identische Fossilien entdeckt.

Vereistes Gebiet

Vor 10 Mio. Jahren

Gegenwart

Asien

Afrika

DIE POLE WANDERN

Gesteine zeigen die Richtung des Erdmagnetfeldes (S. 39) während des Erstarrens an. Seit den 50er-Jahren weiß man, dass sich die magnetischen Pole öfter verschieben. Die Richtung zu den Polen wurde im Gestein der Kontinente unterschiedlich festgehalten. Also hatten diese ihre relative Lage geändert – eine Stütze für Wegeners Theorie.

SCHNELLES INDIEN

Nach dem Auseinanderbrechen Pangäas führte Indien eine komplizierte Bewegung aus. An der Lava im Hochland von Dekkan in Indien erkennt man, dass sich die Lage Indiens bezüglich der Breitengrade relativ rasch änderte. Alte Lava deutet auf eine südliche Breite von 60° hin. Indien driftete schnell nordwärts (25 mm pro Jahr) und stieß vor 55 Mio. Jahren mit Asien zusammen, das früher noch weiter nach Süden reichte (S. 49).

Kontinente stoßen zusammen.

Indien driftet nordwärts.

60°S

Plattentektonik

Vierzig Jahre nachdem Alfred Wegener seine umstrittene Theorie der Kontinentalverschiebung aufgestellt hatte (S. 34–35), ermöglichte der technische Fortschritt neue Erkenntnisse über den Meeresboden (S. 38–39). Seit der Entdeckung magnetischer Streifen durch die beiden britischen Forscher F. Vine und D. Matthews im Jahre 1963 weiß man, dass die Meeresböden aus jüngeren Gesteinen bestehen als die Kontinente. Dies führte zur revolutionären Theorie der Plattentektonik. Danach besteht die Erdoberfläche aus mehreren Platten,

deren Grenzen nicht mit denen zwischen Kontinenten und Meeren übereinstimmen. So umfasst beispielsweise die Südamerikanische Platte die Hälfte des südlichen Atlantiks und die Kontinentalmasse Südamerikas. Entlang der untermeerischen Bergrücken entstehen ständig neue Platten (mit der *Challenger* entdeckt, S. 30). Das Material alter ozeanischer Platten wird an den Subduktionszonen (S. 43) unter andere Platten geschoben und einem neuen Kreislauf zugeführt. Bei der Subduktion werden den Kontinenten ozeanische Sedimente und sogar ganze Inseln angefügt. Die Theorie der Plattentektonik erklärt auch die Zusammenhänge zwischen Vulkanen, Meeresgräben und Erdbebenherden.

Reliefdarstellung der Topographie des Südpols sowie des Meeresbodens von Pazifischem und Indischem Ozean

EINE NEUE THEORIE

1931 entwickelte der britische Geologe Arthur Holmes (1890–1965) eine neue Theorie. Nach ihr beruhen die Kontinentbewegungen auf dem Aufsteigen heißen Magmas an den ozeanischen Rücken und auf dem Abtauchen des Meeresbodens an den Rändern der Kontinente. Holmes arbeitete als einer der Ersten mit radiometrischer Datierung (S. 60–61).

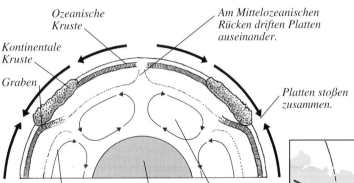

Ozeanische Kruste

Am Mittelozeanischen Rücken driften Platten auseinander.

Kontinentale Kruste

Graben

Platten stoßen zusammen.

Konvektionsströmung   Erdkern   Erdmantel

KARTE DER PLATTENTEKTONIK AUF DER ERDE

Einige der Plattengrenzen verlaufen direkt an den Rändern der Kontinente, aber die meisten hängen nicht mit ihnen zusammen. So nimmt die Australische Platte ganz Australien und weite Teile des Indischen Ozeans ein. Die heutige ozeanische Kruste ist weniger als 200 Mio. Jahre alt. Sie besteht aus verfestigtem Magma, das an ozeanischen Rücken (S. 38–39) emporstieg. Ältere Kruste ist an den Subduktionszonen in den Erdmantel getaucht (S. 43). Die Kontinente sind dagegen sehr alt (S. 40–41).

PLATTEN IN BEWEGUNG

Man weiß nicht sicher, welche Kräfte die Plattenbewegung auf der Erdoberfläche bewirken. Wahrscheinlich werden sie durch Konvektionsströmungen im Erdmantel hervorgerufen. Diese entstehen durch Wärmeverlust beim Übergang des aufsteigenden glutflüssigen Gesteins vom Erdkern in den Erdmantel. Die Strömungen sind sehr langsam und nehmen die Platten mit. Wenn abgekühltes Mantelgestein absinkt, wird es von neuem, glühendem Magma ersetzt, das wiederum lange zuvor aus abgetauchtem Krustengestein entstand.

LEGENDE

▲▲ Abtauchende Plattengrenze

ᒧᒣ Aufbauende Plattengrenze

---- Unsichere Plattengrenze

→ Bewegungsrichtung der Platte

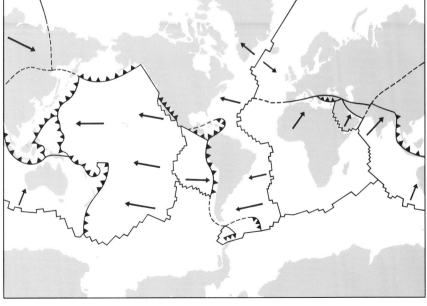

HOT-SPOT-VULKAN
Hawaii liegt nicht an einer Plattengrenze, hat aber viele aktive Vulkane. Hier liegen inmitten der ozeanischen Platte isolierte Punkte, an denen Magma emporsteigt. Solche Vulkane nennt man Hot Spots.

Reliefdarstellung von Nord- und Südamerika

SAN-ANDREAS-SPALTE
An einigen Grenzen gleiten die Platten aneinander vorbei, entweder in gleicher Richtung mit verschiedener Geschwindigkeit oder in unterschiedlicher Richtung. Es steigt kein Magma auf und es gibt keine Vulkane.

ISLAND
An aufbauenden Plattengrenzen entsteht neue ozeanische Kruste. Hervorquellendes Magma füllt die Spalte aus, die beim Auseinanderdriften der Platten entsteht. Island besteht aus solchem ozeanischen Krustengestein.

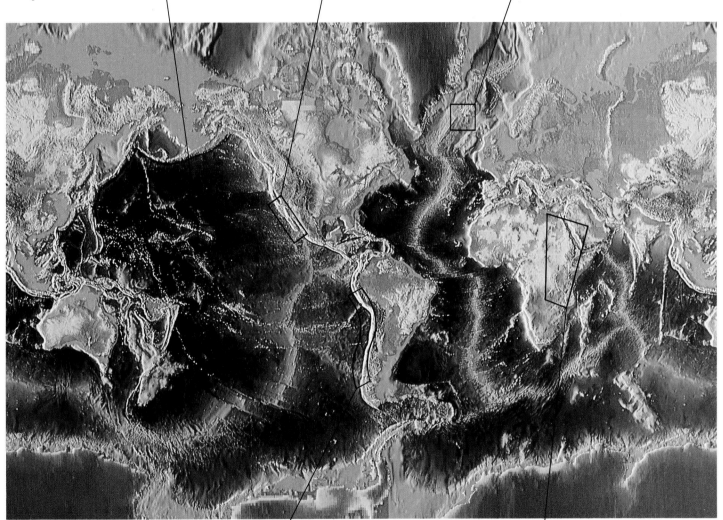

Mittelatlantischer Rücken

CHILENISCHE ANDEN
Vulkane, tiefe Meeresgräben und Erdbeben treten an abtauchenden Plattengrenzen auf, die man auch Subduktionszonen nennt. Hier sinkt ozeanische Kruste in den Erdmantel ab (S. 42–45).

OSTAFRIKA-GRABEN
Kontinentteilungen beginnen mit Gräben. Das Gebiet südlich des Roten Meers wurde vor 20 Mio. Jahren angehoben. Hier gibt es noch heute viele Vulkane (S. 48–49).

Die Bildung des Meeresbodens

HARRY HESS
(1906–1969)
Der amerikanische Geologe H. Hess kartierte in den 40er-Jahren die Oberflächenform der Meeresböden. Er fand heraus, dass die von ihnen ausgehende Wärme größer als erwartet ist. 1960 stellte er die These auf, dass der Meeresboden relativ jung ist, da heißes Mantelgestein emporsteigt und an ozeanischen Rücken kristallisiert. Er wies auch darauf hin, dass sich der Meeresboden auseinander bewegt und unter den Rändern der Kontinente abtaucht.

Mit dem Forschungsschiff *Challenger* (S. 30–31) wurde entdeckt, dass die Meeresböden im Durchschnitt etwa 5 km unter dem Meeresspiegel liegen. Sie bestehen alle aus relativ jungen Gesteinen, von denen keines älter als 200 Mio. Jahre ist. Es existierten zwar auch schon in früheren Zeiten Meeresböden, doch diese glitten an den abtauchenden Plattengrenzen ins Erdinnere (S. 36–37). Neuer Meeresboden entsteht ständig durch das Auseinanderdriften des Meeresbodens an vulkanischen Gebirgsrücken, wobei glutflüssiges Magma aus dem Erdmantel die Spalten wieder auffüllt. Die oberste Schicht des vulkanischen Meeresbodens besteht aus Basaltlava. Darunter liegt eine Schicht mit senkrechten Gesteinsstrukturen, unter der sich eine dritte Schicht befindet, die sich aus grobkörnigem Gabbro zusammensetzt. Das Magnetfeld der Erde kehrt von Zeit zu Zeit seine Richtung um. Die jeweilige Orientierung wird während der Kristallisation der Meeresbodengesteine festgehalten.

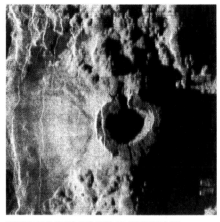

UNTERMEERISCHER VULKAN
Einige Meeresbodenvulkane sind aktiv und fördern genügend Lava, um Inseln aufzubauen. Andere befinden sich unter dem Meeresspiegel (oben). Die sog. Guyots haben abgeflachte Kuppen, die einst über dem Meeresspiegel lagen und von den Wellen abgetragen wurden. Beim Absenken des sich abkühlenden Meeresbodens kamen sie unter Wasser.

Kayangel-Atoll
im Pazifischen Ozean

BLACK SMOKERS
Heiße Quellen an den Spalten ozeanischer Rücken stoßen von Magma erhitztes Wasser aus. Dies ist Meerwasser, das beim Abkühlen neuen Meeresbodens durch Spalten in den Boden eindringt. Es wird im Gestein heißer und löst mehr Mineralien. Wenn es siedend aus den Spalten des Rückens herausquillt, ist es mit Metallsulfiden angereichert. Treten diese mit kaltem Meerwasser in Kontakt, ergeben sie schwarze Partikel, die den kaminähnlichen Black Smokers entweichen und besonders angepasste Tierchen ernähren (S. 10).

Mangan-knolle

KORALLENRIFFE UND ATOLLE
Atolle sind kreisförmige Inseln aus riffbildenden Korallen. Charles Darwin (1809–1882) bemerkte, dass sie an den Rändern vulkanischer Inseln wachsen, die unter dem Wasserspiegel liegen. Viele dieser versunkenen Inseln sind Guyots, also abgeflachte Berge im tiefen Meer. Harry Hess untersuchte, warum einige Guyots keinen Korallenrand haben. Der Grund liegt im zu schnellen Absinken, das die Korallenbildung verhinderte.

BODENSCHÄTZE IM MEER
Am tiefen Meeresboden finden sich runde Knollen, die das Metall Mangan enthalten. Sie kommen vor allem dort vor, wo sich nur langsam Sediment bildet. Sie wachsen durch äußeres Anlagern neuer Schichten. Radiometrische Altersbestimmungen (S. 61) der Schichten zeigten, dass die Knollen sehr langsam wachsen. Ihre Entstehung ist noch nicht geklärt, hängt aber sehr wahrscheinlich mit den Metallsulfiden zusammen, die bei den Black Smokers austreten.

Meereskartierung

Mittels Echolotung kann von einem Schiff aus die Meerestiefe ermittelt werden. Diese ausgefeilte Technik wurde in den 50er-Jahren zur Kartierung der Meeresböden herangezogen. Dadurch wurde die Vielfalt der Welt unter Wasser zum ersten Male deutlich. Mit der Echolotung wurden Vulkane, Flüsse, Gräben und untermeerische Gebirgsrücken entdeckt, die längsten zusammenhängenden Gebirge der Erde mit einer Ausdehnung von 65.000 km.

ÜBER DEM MEERESSPIEGEL

Unter Island (mit vielen vulkanischen Erscheinungen) befindet sich so viel Magma, dass sich daraus die isländische Landmasse bilden konnte. Hier ragt der Mittelatlantische Rücken über den Meeresspiegel.

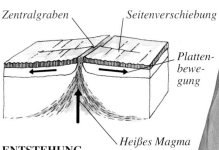

Zentralgraben — *Seitenverschiebung* — *Plattenbewegung* — *Heißes Magma*

ENTSTEHUNG DES MEERESBODENS

Heißes Magma steigt in einem Spalt empor und erreicht z.T. den Meeresboden, wo es zu Basaltlava kristallisiert. Anderes Magma verfestigt sich im Graben parallel zu ihm zu einer senkrechten Wand.

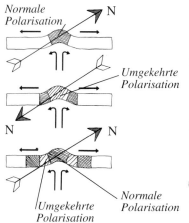

Normale Polarisation — N

Umgekehrte Polarisation

N — N

Umgekehrte Polarisation — *Normale Polarisation*

MAGNETISCHE STREIFEN

Basaltlava enthält Mineralien, die sich bei der Kristallisation nach dem Erdmagnetfeld ausrichten. Dieses kehrt von Zeit zu Zeit seine Richtung um. Die Lava konserviert die Orientierung beim Erstarren, und es bilden sich mit der Zeit Streifen, die eine normale bzw. eine umgekehrte Polarisation anzeigen.

DER MITTELATLANTISCHE RÜCKEN

Dieses Modell des Mittelatlantischen Rückens beruht auf Daten, die durch exakte Echolotung gewonnen wurden. Es entwickeln sich mehrere Parallelgräben, wenn der Zentralgraben aufbricht und sich ausweitet, wobei Teile der Längswände in den Graben hineinrutschen. In der Mitte ist der Graben am tiefsten. Rot stellt heiße Lava dar, die aus dem Erdmantel hervorquillt.

Der Mittelatlantische Rücken ragt in Island über den Meeresspiegel.

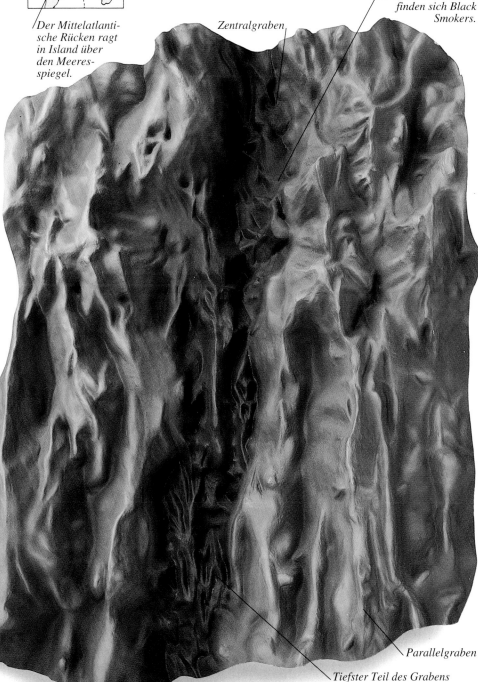

Zentralgraben

In kühleren Gebieten finden sich Black Smokers.

Parallelgraben

Tiefster Teil des Grabens

Parallelgräben

Antarktis

PLATTENBEWEGUNGEN

Dieses Satellitenbild zeigt die Struktur eines großen Teils des Meeresbodens zwischen der Antarktis und Südamerika. Die deutlich erkennbaren Parallelgräben sind Überreste eines Grabensystems, das die Antarktis umgab. Man kann aus solchen Bildern das Alter und die Bewegung von Platten bestimmen.

Erforschung des Erdinneren

Das Erdinnere wird uns wohl immer unzugänglich bleiben (S. 32). Doch mit indirekten Methoden konnte ergründet werden, dass die Erde aus mehreren Schichten besteht. Sie hat einen inneren und einen äußeren Kern, die umgeben sind von einem Mantel und einer Kruste an der Oberfläche. Der kroatische Wissenschaftler Andrija Mohorovicic (1857–1936) folgerte 1910 aus der Ausbreitung von Erdbebenwellen, dass rund 35 km tief eine Grenzschicht zwischen Erdkruste und Erdmantel liegen muss. Sie wird nach ihm als Mohorovicic-Diskontinuität bezeichnet, kurz Moho. Man hat einige Hinweise auf die Zusammensetzung von Erdkruste und Erdmantel. So gelangt durch Vulkanausbrüche glutflüssiges Gestein aus dem Erdmantel an die Oberfläche. Auf die chemische Zusammensetzung des Erdmantels kann man außerdem aus der Basaltlava schließen, die bei den Schmelzprozessen im Mantel entstand. Weitere Hinweise geben Erdbebenwellen, die sich mit unterschiedlicher Geschwindigkeit ausbreiten, je nach der Dichte des Gesteins, das sie durchqueren. Einige Arten von Wellen können den äußeren Erdkern nicht durchlaufen. Also muss dieser flüssig sein, obwohl hier ein enormer Druck herrscht. Auch die Änderungen der Bahnen der Planeten und ihrer Monde wie auch der Weltraumsatelliten deuten darauf hin, dass die größte Masse der Erde in ihrem Kern konzentriert sein muss.

Vorstellung vom Erdinneren von 1665

HITZE VON UNTEN
Heiße Quellen, z.B. die Geysire, sind ein deutlicher Hinweis auf die hohe Temperatur in der Erdkruste. Bergleute kennen dieses Phänomen seit langem. In den Goldminen Südafrikas ist die geothermische Wärme so groß, dass das gewonnene Material vor dem Abtransport gekühlt werden muss.

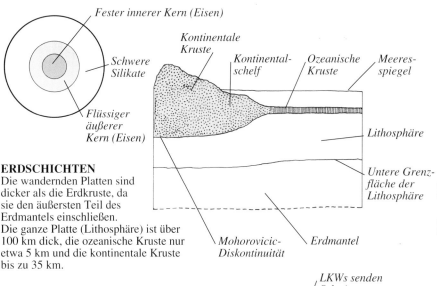

Fester innerer Kern (Eisen)

Schwere Silikate

Flüssiger äußerer Kern (Eisen)

Kontinentale Kruste

Kontinental-schelf

Ozeanische Kruste

Meeres-spiegel

Lithosphäre

Untere Grenz-fläche der Lithosphäre

Mohorovicic-Diskontinuität

Erdmantel

ERDSCHICHTEN
Die wandernden Platten sind dicker als die Erdkruste, da sie den äußersten Teil des Erdmantels einschließen. Die ganze Platte (Lithosphäre) ist über 100 km dick, die ozeanische Kruste nur etwa 5 km und die kontinentale Kruste bis zu 35 km.

Roter Granat

GRANAT-PERIDOTIT
Granat-Peridotit hat etwa die gleiche Dichte wie der Erdmantel, doch findet man ihn auf der Erdoberfläche. Vulkanische diamantführende Gesteine wie Kimberlit enthalten Granat-Peridotit. Zur Bildung von Diamant ist sehr hoher Druck nötig, wie in einer Tiefe von 150 km. Der Granat-Peridotit im Kimberlit besteht wohl aus Teilen des Mantels in dieser Tiefe.

LKWs senden Schwingungen aus.

SEISMISCHE WELLEN
Erdbebenwellen pflanzen sich in der Erde fort. Die dafür nötige Zeit kann Aufschluss über das durchlaufene Material geben. Mit künstlichen Wellen werden tiefe Schichten untersucht. Diese LKWs senden bestimmte Schwingungen aus, die weit entfernt von sog. Geophonen aufgenommen werden.

Eklogit

Eklogit befindet sich tief in der Erdkruste.

Granit

SIR WILLIAM LOGAN
(1798–1875)
Der kanadische Geologe Logan kartierte als Erster die Gesteine des Kanadischen Schildes, einer der ältesten Landschaften der Erde. Er erkannte ihr hohes Alter und ihre Abstammung von Gesteinen der untersten Erdkruste. Es wird angenommen, dass die Gesteine, aus denen die alten Kerne der Kontinente bestehen, von jüngeren kontinentalen Gesteinen überlagert sind. Das Wissen über die Gesteine in tiefen Erdschichten ist auch heute noch sehr lückenhaft.

Eklogit auf einer Waagschale

DICHTES GESTEIN
Wir können den Erdmantel weder sehen noch berühren. Aber es gibt einige Gesteine mit derselben Dichte, die wahrscheinlich aus dem Mantel stammen. Krustengesteine haben eine ähnliche Dichte wie Granit (ca. 2,8 g/cm³). Die Dichte von Mantelgesteinen liegt bei 3,3 g/cm³).

Gewicht in Gramm

Bonneville-See bei Salt Lake City, Utah/USA

1 ABWIEGEN
Das Eklogitstück wird zunächst gewogen.

Eklogit in einem Überlaufgefäß

2 VOLUMEN-MESSUNG
Um für die Dichteberechnung das Volumen eines Steins zu bestimmen, wird ein Gefäß randvoll mit Wasser gefüllt. Dann wird der Stein hineingegeben. Das Volumen des überlaufenden Wassers ist gleich dem des Steins.

Verdrängtes Wasser fließt in den Becher.

BALANCEAKT
Die Eisschichten des Pleistozäns drückten auf die Erdkruste und verdrängten darunter liegendes Mantelgestein. Nach dem Schmelzen des Eises gab die Kruste nach und das Mantelgestein konnte zurückfließen. Da es langsamer fließt, als Eis schmilzt, heben sich manche Gebiete noch heute. Diesen Druckausgleich nennt man Isostasie.

SCHWIMMENDE STADT
Die Isostasie wirkt langsam, da das Mantelgestein allmählich fließt. Die Ausgleichsbewegungen sind an den Salzebenen am Bonneville-See bei Salt Lake City zu beobachten. Da der Wasserstand des Sees zurückgeht, hebt sich das Gebiet aufgrund des sinkenden Drucks an.

Das Gewicht lässt das Holz etwas eintauchen.

Die Erdkruste wird von den Eismassen niedergedrückt wie das Holz vom Gewicht.

Das Gewicht wurde entfernt.

Das Holz ist etwas eingetaucht.

Die Kontinente schwimmen auf dem Mantel wie das Holz auf dem Wasser.

Das Holz taucht auf.

Erdbeben und Seismologie

Die stärksten Erdbeben entstehen an den Plattengrenzen, können aber auch inmitten von Kontinentalplatten (S. 36) auftreten. Die meisten Erdbeben werden von Menschen gar nicht wahrgenommen. Vor einem Erdbeben baut sich in einer Gesteinsmasse eine hohe Spannung auf. Diese ergibt sich aus der Bewegung der Platten: Entweder reiben zwei Platten aneinander, oder eine Platte schiebt sich unter die kontinentale Kruste. Wenn das Gestein der Spannung nicht mehr standhalten kann, findet ein plötzlicher Bruch statt. Dieser setzt sich durch den ganzen unter Spannung stehenden Bereich fort, wobei nach allen Richtungen Energie in Form von Wellen freigesetzt wird. Seismographen zur Messung solcher Erdbebenwellen sind höchst empfindliche Geräte, deren Aufzeichnungen von Seismologen ausgewertet werden. Diese stellen fest, wo sich der Erdbebenherd (das sog. Epizentrum) befand und welche Stärke das Erdbeben auf der Richter-Skala hatte. Die Mercalli-Skala beruht auf den Auswirkungen des Erdbebens, also auf Sinneswahrnehmungen und auf den Schäden, die es angerichtet hat.

UNRUHIGES JAPAN
Japan liegt an einer abtauchenden Plattengrenze mit Vulkanausbrüchen und Erdbeben. Das Land wird schnell gehoben und die entstehenden Gebirge werden bald wieder abgetragen. Die Landschaft verändert sich dadurch relativ schnell.

EDUARD SÜSS (1831–1914)
Der Österreicher Süß untersuchte Gebirgszüge und ihre Beziehungen zueinander. Er glaubte nicht, dass die Oberflächenformen nur aus Katastrophen resultierten, sondern sah Kontinente (außer in erdbebenreichen Zonen) als stabil an.

Beim ersten Stoß bleibt das Uhrwerk stehen.

Lochstreifen mit Aufzeichnung

ERDBEBEN-AUFZEICHNUNG
Frühe Seismographen konnten nur einen einzigen Erdstoß registrieren. Man benötigt aber Aufzeichnungen über den Verlauf und die Dauer der Stöße. Bei einem modernen Seismographen bewegt sich der aufzeichnende Teil mit der Erde, während der schwerere Rest des Apparates ruht. Ältere Seismographen wogen einige Tonnen; heutige sind klein und leicht.

AUFBRECHENDER BODEN
Viele meinen, dass bei einem Erdbeben der Boden aufbricht und Menschen und Tiere verschluckt. Es geschieht jedoch nur sehr selten, dass der Boden aufbricht. Manchmal wird er aber weich, z.B. wenn sich darunter unverdichtete Sedimente befinden, die mit Wasser getränkt sind. Dann können Gebäude im Boden einsinken oder unterirdische Objekte (wie Pipelines) nach oben gelangen. An steilen Hängen treten dabei Erdrutsche auf.

Das Registriergerät eines Seismographen zur Erdbebenaufzeichnung beim Vesuv in Italien

PRIMÄRE WELLEN UND S-WELLEN

Erdbebenwellen breiten sich in alle Richtungen aus. In dichterem Gestein werden sie schneller, ihre Bahn krümmt sich und sie kommen zur Erdoberfläche zurück. Die Wellen, die bis zum Erdkern gelangen, werden beim Eindringen in den flüssigen äußeren Kern abgebremst. Die S-Wellen, die das Gestein durchqueren, können flüssiges Gestein nicht durchdringen. Primäre Wellen breiten sich geradlinig aus, sind daher schneller und werden vom Seismographen zuerst registriert.

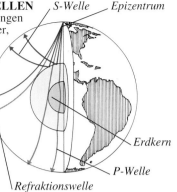

S-Welle — *Epizentrum*
Erdkern
P-Welle
Refraktionswelle

San-Andreas-Spalte

An der Plattengrenze der San-Andreas-Spalte befinden sich in einer Breite von 100 km mehrere Verwerfungen. Hier bewegt sich die Pazifische Platte nordwestwärts gegenüber der Kontinentalmasse Nordamerikas. Die Platten gleiten entlang der Plattengrenze seitlich aneinander vorbei, wobei hier weder neues Land gebildet (S. 38–39) noch altes zerstört wird.

Die San-Andreas-Spalte an der Westküste der USA

Der Fluss wurde durch die Verwerfung versetzt.

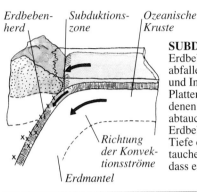

Erdbebenherd — *Subduktionszone* — *Ozeanische Kruste*
Richtung der Konvektionsströme
Erdmantel

SUBDUKTIONSZONEN

Erdbebenherde treten vor allem in den abfallenden Zonen unter Gebirgszügen und Inselbögen auf. Im Hinblick auf die Plattentektonik sind dies die Zonen, an denen ozeanische Kruste in den Mantel abtaucht; das nennt man Subduktion. Erdbeben können nur bis in 700 km Tiefe entstehen. Darunter wird das abtauchende Gestein so stark erwärmt, dass es zu weich zum Zerbrechen ist.

Verwerfungslinie / *Autobahn*

BERÜHMTE VERWERFUNG

Mit zunehmender Entfernung vom Erdbenherd werden Erdbeben schwächer. Liegt der Herd tief, sind die Beben schwach. An der San-Andreas-Spalte entstehen die Erdbeben in weniger als 30 km Tiefe, also sehr nah an der Erdoberfläche.

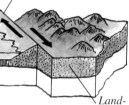

Seitenverschiebung: Die Platten driften aneinander vorbei.
Platte in Bewegung / *Meer* / *Landmasse*

ERDBEBENAUFZEICHNUNG

Ein Seismometer (oben) registriert die Erdbewegungen am jeweiligen Punkt der Erdoberfläche. Die Ergebnisse werden über Funk oder Telefon zur Zentrale übermittelt.

AUSEINANDERBRECHEN DER ERDE

Verwerfungen entstehen, wenn das Gestein unter Spannung steht. Das Modell unten zeigt die Entwicklung von Verwerfungen in verschiedenen Sedimentschichten. Werden die Schichten auseinander gezogen, bilden sich Verwerfungen.

SEITENVERSCHIEBUNG

Seitenverschiebungen treten auf, wenn zwei Platten seitlich aneinander vorbeidriften. Dort, wo das Gleiten blockiert wird, bauen sich Spannungen auf, die sich in einem Erdbeben entladen.

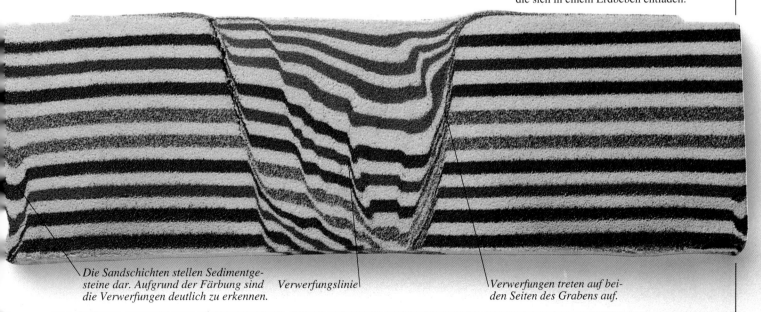

Die Sandschichten stellen Sedimentgesteine dar. Aufgrund der Färbung sind die Verwerfungen deutlich zu erkennen.

Verwerfungslinie

Verwerfungen treten auf beiden Seiten des Grabens auf.

Vulkanologie

WÜRDEVOLLER RIESE
79 n.Chr. brach der Vesuv aus –
mit verheerenden Folgen. Der
Aschenregen begrub viele Orte
und Weinhänge unter sich.

Vulkane sind die Stellen auf der Erde, an denen Magma
aus dem Erdinneren an die Oberfläche gelangt. Dazu gehören Erdlöcher, aus denen Lava strömt, und Berge, die
durch Eruptionen entstanden. Lava, die bei Vulkanausbrüchen an die Oberfläche gelangt, ist eine heiße, gashaltige
Flüssigkeit aus Silikaten unterschiedlichster Zähigkeit.
Zuweilen ist sie dünnflüssig, manchmal aber so zäh, dass
sie kaum fließt und sich nur zu Kuppen rund um den Krater anhäuft. Wenn zwischen den Ausbrüchen lange Zeiträume liegen, z.B. viele Jahrhunderte, kann die Kuppe des
Vulkans bei einem größeren Ausbruch weggesprengt werden. Die meisten Vulkane liegen an den Plattengrenzen.
Die Theorie der Plattentektonik (S. 36–37) erklärt, warum
die Vulkane nicht regellos über die Erde verteilt sind. Die
meisten Vulkane finden sich an den Pazifikküsten und in
einem Vulkangürtel, der sich vom Mittelmeer bis nach
Indonesien erstreckt. Einige dieser Vulkane liegen an
Subduktionszonen (S. 43), an denen Meeresboden in
den Mantel abtaucht, wo er langsam schmilzt und zu
Magma wird (S. 25). Andere Vulkane entstehen an den
Meeresrücken und bilden neuen Meeresboden (S. 39).
Wieder andere findet man in tektonischen Spalten, wo die Kontinente einst auseinander
brachen (S. 49).

Island-Typ

Hawaii-Typ

Stromboli-Typ

Vulkanischer Typ

Pelé-Typ

Plinianischer Typ

*Dank des lan-
gen Griffs kann
der Vulkanologe an
heißer Lava
hantieren.*

*Mit dem verdrehten Metall-
haken wird Lava aus dem
Strom aufgenommen.*

**ERUPTIONS-
TYPEN**
Eruptionen unter-
scheiden sich in ihrer Intensität:
vom langsamen Ausfließen zäher
Lava bis zu gewaltigen Ausbrüchen
mit hohen Aschenwolken.

LAVA SAMMELN
Wenn Lava nach einer Eruption
abkühlt und fest wird, kann sie verschiedene Formen annehmen. Lava-
proben geben Aufschluss darüber, wie
sich das Magma im Erdinneren zusammensetzt und wie weit der Lavastrom
fließen wird.

*Gedrehte
Form*

*Raue,
blasige
Ober-
fläche*

Lavabombe

VULKANSTUDIEN
Einen aktiven Vulkan zu beobachten
kann gefährlich sein. Zum Betreten
des näheren Bereichs muss hitzebe-
ständige Kleidung getragen werden,
die auch vor Gas und aufplatzenden
Lavablasen schützt. Die Vulkanausbrüche werden in ver-
schiedene Typen einge-
teilt (rechts oben).
Das Foto zeigt links
einen Vulkanologen
nach einem Ausbruch
des Hawaii-Typs
auf Island.

LAVABOMBE
Glutflüssige Lavabrocken werden in Feuerfontänen hochgeschleudert. Beim Herabfallen und Abkühlen nehmen sie eine bestimmte Form an.

Vulkane auf Hawaii

Die Hawaii-Inseln sind die Spitzen von Vulkaninseln über einem Hot Spot im Mantel, aus dem seit 6 Mio. Jahren Magma austritt. Nach der Lage der Vulkanaktivität an der Oberfläche scheint der Hot Spot zu wandern; er befindet sich jedoch immer an derselben Stelle. Dagegen hat sich die Pazifische Platte allmählich weiterbewegt und die Vulkane wurden nach Nordwesten verlagert.

Asien
Nord-
amerika
Pazifik
Hawaii-Inseln

Der Krater des Kilauea

Junge Lava

Fladenlava einer Eruption des Hawaii-Typs

FLADENLAVA
Dünnflüssige Lava erhält beim Abkühlen eine glasige Oberfläche mit Falten aufgrund von Spannungen.

Faltige Oberfläche

DER GRÖSSTE VULKAN
Aus dem Vulkan Kilauea/Hawaii fließt seit über zehn Jahren Lava aus. Die Südhänge der Insel wurden ständig mit neuer Lava bedeckt. Durch die ins Meer fließende Lava entstand neues Land. Nur ein kleiner Teil des Vulkans liegt über dem Meeresspiegel und bildet die Insel. Der Rest liegt unter Wasser. Der ganze Vulkan misst – vom Meeresboden bis zur Spitze – 10.000 m und ist damit gleichzeitig der höchste Berg der Welt.

EXPLOSIONEN
Die bekanntesten Vulkane sind Kegel mit einem Krater an der Spitze. Doch die meisten Vulkane sind Risse im Erdboden (viele am Meeresgrund), aus denen Lava strömt. Die schnellen Lava-Ausflüsse sind ungefährlicher als die Explosionen, bei denen zähflüssige Lavamassen hochgeschleudert werden. Solche Ausbrüche können ganze Städte unter ihren Aschenregen begraben.

Insel-bogen   *Graben*   *Gebirgs-rücken*   *Vulka-nische Gebirgs-kette*

Hot-Spot-Vulkan   *Subduktions-zone*

VULKANE UND PLATTENTEKTONIK
Die meisten Vulkane treten an Plattengrenzen auf. Doch einige, darunter die größten, liegen inmitten der Platten. Dies sind Hot-Spot-Vulkane, die entstanden, als die Platten über Hot Spots im Mantel wanderten.

Blasenlava einer Eruption des Hawaii-Typs

Gasblase

BLASENLAVA
Die flüssige Lava enthält auch Gase. Beim Abkühlen können diese nicht entweichen und bilden Blasen in der festen Lava.

Gebirgsbildung

Früher glaubten die Geologen, dass die Faltenstrukturen der Gebirge durch einen Schrumpfungsprozess der Erde entstanden sind wie die Runzeln eines Apfels. Heute weiß man, dass die Gebirgszüge aus übereinander liegenden Gesteinsschichten bestehen, die ständig verformt werden. Weiterhin ist bekannt, dass die Erde nicht schrumpft, da in den Meeren immer wieder neues Krustengestein entsteht (S. 38–39). Normalerweise durchläuft ein Gebirgszug während seiner Entstehung mehrere Umformungsphasen, wobei auch ältere Falten umgestaltet werden. Ein gemeinsames Merkmal von Gebirgszügen ist die Tatsache, dass die Gesteine der Randgebirge deutlich als Sedimentgesteine (S. 26–27) zu erkennen sind, während sich inmitten der Gebirge komplizierter aufgebaute Gesteine befinden. Das bedeutet, dass diese Gesteine sehr stark verformt und umkristallisiert wurden (S. 24–25). In den jungen Gebirgszügen entlang der aktiven Plattengrenzen (S. 36–37) finden sich oft Vulkane. Offensichtlich ist die Erdkruste bei Gebirgsbildungen heftigen Reibungen und Zerrungen ausgesetzt. Doch Verformung und Hebung allein lassen nicht die gezackten Gipfel entstehen, die für hohe Berge charakteristisch sind. Diese Formen entstehen erst durch Erosion (S. 54–55), bei der die weichen Gesteine der obersten Schichten abgetragen werden, sodass nach und nach die harten Gesteine der tieferen Schichten freigelegt werden. Der Prozess der Gebirgsbildung wird in der Wissenschaft auch Orogenese genannt.

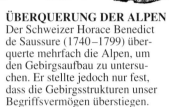

ÜBERQUERUNG DER ALPEN
Der Schweizer Horace Benedict de Saussure (1740–1799) überquerte mehrfach die Alpen, um den Gebirgsaufbau zu untersuchen. Er stellte jedoch nur fest, dass die Gebirgsstrukturen unser Begriffsvermögen überstiegen.

Die oberen Teile des Faltengebirges sind abgetragen.

Die Sedimentschichtung verlief einst horizontal.

GEBIRGSFALTUNG
Die Formung der Sedimentschichten in Gebirgen entstand meist durch Faltungen. Diese vertikale Schichtung in Südengland stammt aus derselben Zeit wie die Faltung der Alpen.

DIE ROCKY MOUNTAINS
Im späten 19. Jh. entdeckte man, dass die Verkürzungen der Kruste bei Gebirgszügen entstehen, wenn sich eine Gesteinsschicht über eine andere schiebt. Das wird als Überschiebung bezeichnet und schließt großflächige Bewegungen der oberen Krusten ein. Diese sind zwar angesichts der Härte und Sprödheit von Gestein nur schwer vorstellbar, traten jedoch oft auf, z.B. in den Rocky Mountains. Die obere Gesteinsschicht bei Überschiebungen heißt Schubdecke.

Die Rocky Mountains nahe der nordamerikanischen Westküste

Einfache Verformung von Sedimentgestein

Randgebirge

GEBIRGSMODELLE

Die Entwicklung der geologischen Strukturen ist nicht leicht zu verstehen. Man kann aber einfache Modelle zur Nachahmung herstellen, indem man farbige Sandschichten ausbreitet, unter denen ein Blatt Papier bewegt wird. Dies verkürzt die Schichten und die Faltungsprozesse werden deutlich.

Papier wird entsprechend weit aufgerollt.

Der Fülltrichter verteilt den Sand.

Das Papier verursacht eine Verschiebung des Sandes.

Das Papier bewegt sich in 100 Sekunden um 1 cm.

Sedimente werden aufgeschichtet.

Erste Faltung

Z-Falten bilden sich aus, wenn das Papier gleichmäßig gezogen wird.

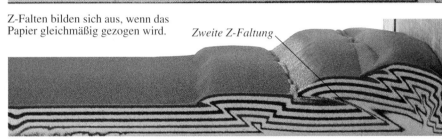

Zweite Z-Faltung

Es entstehen neue Falten. Die ersten werden weiter verformt.

Unter jeder Schubdecke liegt eine Überschiebungsfläche.

Schubdecke

ENDSTADIUM

Durch eine Reihe von Überschiebungen gelangen mehrere Schubdecken übereinander. In diesem Modell sind z.B. Erosionen und Vulkane außer Acht gelassen.

Die Anden

In den Anden gibt es viele Hinweise auf kontinuierliche Hebung und andere tektonische Aktivitäten. Von hier gehen auch viele große Erdbeben aus. In den Anden kann man neue Meeresablagerungen hoch über dem Meeresspiegel finden; sie beweisen, dass die Hebung rasch vor sich geht. In den Anden finden sich auch viele aktive Vulkane, die sich als hohe Berge über den eigentlichen Gebirgszug erheben. Aus den Ablagerungen der Asche, die sie hervorbrachten, wurden weite Ebenen aufgeschüttet, z.B. die Hochebene des Altiplano.

Süd-amerika

Andenkette

DIE BERGE CHILES

Die Zerklüftung rührt von der Erosion des Landes her, das durch Überschiebungen und Verformungen bei der Orogenese entstand.

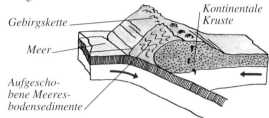

Gebirgskette

Kontinentale Kruste

Meer

Aufgeschobene Meeresbodensedimente

ABTAUCHENDE PLATTENGRENZEN

An der Plattengrenze entlang der Anden taucht ozeanische unter die kontinentale Kruste ab. Teile des Ozeanbodens werden auf den Kontinent geschoben.

Schubdecke

Überschiebungsfläche

Hochebenen und Brüche

Eine neue Plattengrenze entsteht, wenn sich ein Kontinent spaltet. Dies geschah z.B. vor 200 Millionen Jahren, als sich der Atlantik bildete (S. 38–39). Heute formt sich entlang des Ostafrikanischen Grabenbruchs eine neue Plattengrenze. Es entstehen aber nicht aus allen Grabenbrüchen neue Ozeane. Einige bleiben als Gräben erhalten und werden mit dicken Schichten vulkanischen oder Sedimentgesteins angefüllt. Wenn Kontinente zusammenstoßen, können sich Hochebenen bilden. Dies geschieht, wenn keine ozeanische Kruste mehr zwischen ihnen liegt, die unter die kontinentale Kruste geschoben werden kann. Anders als die ozeanische kann die kontinentale Kruste nicht absinken, da sie zu leicht ist. Daher kommt es beim Zusammenstoß von Kontinenten zu Reibungen und Hebungen und nicht zu Unterschiebungen, und es bilden sich Hochebenen (wie das Hochland von Tibet). Andere Hochebenen entstehen durch Hebung von Bruchschollen.

SCHLUCHT
Cañons (wie dieser in Österreich) sind tiefe Täler mit senkrechten Wänden, die von Flüssen eingeschnitten wurden.

JOHN WESLEY POWELL (1834–1902)
Der Amerikaner Powell erforschte 1869 den Grand Canyon. Er hatte im Krieg einen Arm verloren; trotzdem erkletterte er die steilen Wände und lenkte sein Boot durch die reißenden Flüsse.

BRUCHTEKTONIK
Das Modell (unten) stellt Ergebnisse der Bruchtektonik dar. Die Schichten weisen Brüche auf, durch die Gräben und Parallelverwerfungen entstehen. Letztere unterstützen ein weiteres Absinken der Bruchschollen. Diese können auch angehoben werden; dabei entstehen Horste.

DER GRAND CANYON
Die Sedimentschichten des Colorado-Plateaus wurden in 60 Mio. Jahren über 3000 m hoch angehoben. Powell erkannte, dass es im Grand Canyon keine Spuren früherer Eisbedeckung gibt. Daher muss der Cañon vom Fluss geschaffen worden sein, der sich zuerst durch die weicheren Sedimente, später durch metamorphe Gesteine und Granite grub.

Roter und weißer Sand zeigen die Versetzung der Schichten durch Bruchbildung.

Horst

Grabenbruch

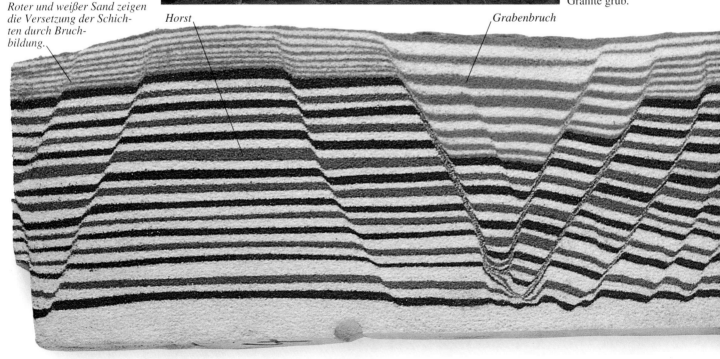

Ostafrikanischer Graben

Von Mosambik bis zum Roten Meer erstreckt sich ein großer Grabenbruch durch Ostafrika. Hier driftet Afrika entlang einer Verwerfung auseinander, an der die kontinentale Lithosphäre (S. 40) in zwei Teile zerbrochen ist. Aktive Vulkane und viele Erdbeben deuten darauf hin, dass der Bruchvorgang noch immer im Gange ist. Im Norden, wo der Grabenbruch mit dem Danakil-Tiefland das Rote Meer erreicht, besteht der Boden des Grabens aus ozeanischer Kruste und liegt unter dem Meeresspiegel, jedoch nicht unter Wasser. Weiter im Süden findet sich kein Gestein aus ozeanischer Kruste mehr. Später wird sich zwischen Ostafrika und dem übrigen Kontinent ein Ozean ausbreiten.

Satellitenantenne

Afrika

Gebirge | *Plateausee* | *Plateausee*

Ostafrikani-scher Graben | *Danakil-Tiefland* | *Mittelmeer*

DAS TIBETISCHE HOCHLAND
Die höchste Ebene der Erde ist das Hochland von Tibet (4500 m ü.M.). Ihre Entstehung hängt mit der Bildung der Gebirge zusammen, von denen sie umgeben ist. Andere Hochebenen, z.B. in Afrika, entstanden durch einfache Hebung.

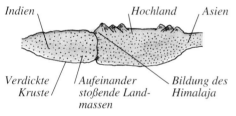

Indien | *Hochland* | *Asien*

Verdickte Kruste | *Aufeinander stoßende Land-massen* | *Bildung des Himalaja*

ZUSAMMENSTOSS VON LANDMASSEN
In den letzten 10 Mio. Jahren wanderte Indien nordwärts und schob sich nach der gänzlichen Subduktion (S. 43) des Tethys-Meers auf die Landmasse Asiens; diese wurde durch den Zusammenstoß gestaucht. Dabei entstanden der Himalaja und das Hochland von Tibet.

Satellitenbild mit Golf von Suez, Golf von Akaba und Rotem Meer

Golf von Akaba

Golf von Suez

Rotes Meer

BRUCHSTUFEN IN KENIA
In Grabenbrüchen gibt es oft Vulkane, deren Lava sich über die angrenzenden Hochländer ergießt. Dieses Luftbild zeigt die Verwerfungslinien des Grabenbruchs in Kenia.

MINIATUROZEAN
Wissenschaftliche Untersuchungen im Roten Meer ergaben, dass hier die Meeresbodensedimente auf ozeanischer Kruste liegen. Es wurden auch magnetische Streifen (S. 39) entdeckt, die parallel zum Roten Meer verlaufen. Mit der Ausbreitung des Roten Meers (jährlich um 25 mm) wandert Arabien nordostwärts und schließt langsam den Persischen Golf.

Parallelverwerfungen

Verdickte rote und weiße Schichten des Graben-bruchs | *Bruch* | *Dünnere Sedimentschichten am angehobenen Horst*

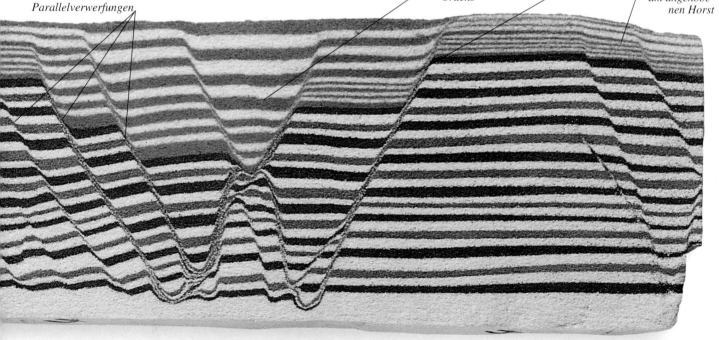

Verwitterungsvorgänge

Verwitterungsvorgänge lassen eindrucksvolle Landschaftsformen entstehen.

Viele Gesteinsmineralien sind zwar selbst bei den hohen Temperaturen und dem hohen Druck stabil, die tief in der Erdkruste herrschen; doch sind sie chemisch instabil, wenn sie mit der sauerstoffreichen Erdatmosphäre in Berührung kommen. Gesteine reagieren mit der feuchten Atmosphäre in einem Prozess, den man Verwitterung nennt und der nur an der Erdoberfläche stattfindet. Die Verwitterung beeinflusst alle Landschaftsformen. Einige Verwitterungsarten sind rein chemischer Natur, darunter die Reaktion sauren Regens mit Kalkstein (S. 17). Auch die Temperatur spielt bei der Verwitterung eine entscheidende Rolle. Durch die nächtliche Abkühlung werden im Gestein Spannungen hervorgerufen, die zum Bersten führen können. Dies tritt vor allem dann auf, wenn Wasser in den Spalten gefriert (S. 58–59). Auch Pflanzen und Tiere fördern den Verwitterungsprozess. Es tritt jedoch niemals nur eine Form der Verwitterung allein auf. Die meisten Landschaftsformen sind das Ergebnis eines Zusammenspiels aller hier genannten Verwitterungsarten. Gesteinsmineralien werden abgespalten und durch Verwitterung verändert. Das verwitterte Material wird abgetragen und an anderer Stelle wieder angehäuft (S. 56–57).

STARKE PFLANZEN
Pflanzenwurzeln durchdringen Gesteinsspalten und entnehmen dem Gestein Substanzen für ihren Stoffwechsel. Beim Wachstum vergrößern sich die Wurzeln (besonders von Bäumen, aber auch von Moosen und Flechten) und spalten das Gestein.

ROSTENDES GESTEIN
Isolierte Berge (sog. Inselberge) stehen als Reste einer alten, erhöhten Landschaft inmitten jüngerer Ebenen. Für die rote Färbung des Uluru (Ayers Rock) in Mittelaustralien sind Eisenoxide verantwortlich, die nach der Zersetzung von Silikaten zurückblieben.

TEMPERATURÄNDERUNGEN
Diese Gesteinsformen in Utah/USA entstanden durch Temperatur-, Wind- und Wasserverwitterung. Temperaturänderungen verursachen Risse im Gestein, da sich dieses ausdehnt und wieder zusammenzieht. Bei der Frostsprengung gefriert Regenwasser in Gesteinsspalten und erweitert diese.

TIERSPUREN
Tiere wie Hasen, Dachse oder auch Käfer legen unterirdische Gänge an. Dadurch wird die angreifbare Gesteinsoberfläche vergrößert, und es kommt zu verstärkter Verwitterung, durch die das Rückstandsgestein entsteht.

Haytor, Dartmoor/
Südwestengland

WUNDERWERK AUS KALK
Kalk verwittert, weil er von saurem Regenwasser langsam aufgelöst wird. Wenn kalkhaltiges Wasser von einer Höhlendecke tropft, entstehen Stalaktiten. Sie sind rötlich, wenn auch Eisen gelöst ist.

Zwei zusammengewachsene Stalaktiten

Die Verwitterung beginnt an den Grenzflächen.

Durch Verwitterung entsteht Trümmergestein.

Felsburg aus Granit

FELSBURG AUS GRANIT
Unterirdischer Granit gelangt langsam an die Erdoberfläche, wenn das weichere Gestein um ihn herum abgetragen wird. Je mehr der Druck der Schichten darüber abnimmt, desto eher spaltet sich der Granit. Dort, wo die Klüfte am weitesten sind, findet die stärkste Verwitterung statt und es entstehen runde Felsblöcke mit mehreren Metern Durchmesser. Das härteste Gestein ragt am höchsten empor. Solche Granitberge heißen Felsburgen.

KALKLAGUNE
Diese Stalaktiten auf der Phra-Nang-Halbinsel in Thailand kamen ans Tageslicht, als die Höhle einstürzte. Die Kalkablagerungen am Boden heißen Stalagmiten.

ZWIEBEL
Die Verwitterung beginnt außen am Gestein, wo es Kontakt mit der Atmosphäre hat, und dringt bis zu 1 cm tief in das Gestein ein. Bei manchen Gesteinsarten blättern mehrere Verwitterungsschichten ab. Diese Verwitterungsart nennt man zwiebelschalige Abblätterung oder Desquamation.

Abblätternde Schichten

Dolerit

Bindemittel sind Verwitterungsprodukte anderer Gesteine.

Sandstein-Dünnschliff

Blaues Harz zeigt die Porenräume an.

PORENRAUM
Sedimentgesteine haben zwischen den Körnchen Porenräume mit Bindemittel.

Leben aus dem Stein

Gesteine verwittern an der Erdoberfläche, wo sie der feuchten Luft ausgesetzt sind. Sobald Pflanzen in dem verwitterten Rückstandsgestein (S. 50) Wurzeln schlagen, beginnt der Prozess der Bodenbildung. Die Bodenart wird u.a. durch das Klima, die Vegetation, die Oberflächengestalt und die Art des Ausgangsgesteins bestimmt. Böden enthalten nicht nur mineralische Gesteinsmaterialien, sondern auch organische Stoffe, den sog. Humus. Dazu gehören Wurzeln, verrottete Pflanzen und Tierkörper, ferner Mikroorganismen sowie Stoffe, die beim Abbau pflanzlicher und tierischer Materie entstehen, wenn diese durch Pilze oder Mikroben zersetzt werden. Zum organischen Material im Boden zählen auch Tiere, einschließlich der Schnecken und Würmer. Wasser und Luft zwischen den Bodenpartikeln sind wichtige Bestandteile des Bodens; ohne sie würden die Pflanzen ersticken und vertrocknen. Die natürlichen Prozesse der Bodenbildung sind sehr komplex und langwierig. Zur Auslaugung des Bodens durch intensive Ausnutzung kann es dagegen sehr schnell kommen.

MUTTER ERDE
In den frühen Ackerbaukulturen galten die Fruchtbarkeit der Frauen und die der Böden als die beiden Voraussetzungen für das Wunder des Lebens. In der altrömischen Mythologie war Proserpina die Göttin der Fruchtbarkeit. In den Monaten ihrer Gefangenschaft in der Unterwelt – den Wintermonaten – wuchsen keine Früchte, die Tiere waren unfruchtbar und das ganze Land wurde vom Tod heimgesucht.

TERRASSENANBAU
Künstliche Terrassen an den Berghängen erleichtern die Landwirtschaft. Es entstehen ebene Felder, die leicht zu bearbeiten sind. Zudem haben Terrassen den Vorteil, dass weniger Boden durch Abrutschen verloren geht. Terrassen findet man hauptsächlich beim Reisanbau.

Terrassierte Hänge im Jemen

Terrassierter Hang

Podsolboden kommt nur in gemäßigten Breiten vor.

BODENPROFIL
Ein Querschnitt durch den lockeren Boden bis hinunter zum festen Gestein zeigt das Bodenprofil mit den verschiedenen Schichten. Die obere Schicht, der sog. A-Horizont, ist der vom Bauern oder Gärtner bearbeitete Boden. Darunter liegt der B-Horizont, in dem sich die Mineralien ansammeln, die aus den oberen Schichten ausgewaschen werden. Hier befinden sich auch Gesteine aus dem darunter liegenden Muttergestein, das den größten Teil des C-Horizonts ausmacht.

A-Horizont mit organischen Substanzen

B-Horizont mit wenig organischer Substanz

C-Horizont aus Gestein

Braunerde (hoher Humusgehalt)

A-Horizont: organische Substanzen

Von verwittertem Kalk bleibt Feuerstein zurück.

B-Horizont: nur wenig organische Substanz

C-Horizont: Gesteinsschicht

Kreide

BODEN, LUFT UND WASSER

Wichtig für die Bodennutzung sind der Zusammenhalt der Bodenteilchen und die Größe der Mineralienpartikel. Lehmböden halten Feuchtigkeit und Nährstoffe, doch dringt Wasser zu langsam ein. Die Pflanzen finden hier schwer Halt. Sandböden haben große Porenräume, durch die Wasser schnell eindringt, aber einen geringen Nährstoffgehalt. Um beide Bodenarten zu vergleichen, werden sie in Reagenzgläser gefüllt und mit Wasser begossen.

Wasser wird von den Poren schnell aufgenommen.

Es wird kaum Wasser aufgenommen.

Sandboden Lehmboden Sandboden Lehmboden

BODENGEKRIECH

Der Boden bewegt sich infolge der Schwerkraft ständig hangabwärts. Tiere beschleunigen das, indem sie ihn mit ihren Tritten lockern. Bei Frost werden Partikel aus dem Boden herausgebrochen und bleiben nach dem Abtauen ein Stückchen weiter hangabwärts liegen. Manchmal kann man das Bodengekriech auch an Bäumen erkennen, die zuerst senkrecht nach oben wachsen, deren Stamm jedoch im Lauf der Zeit wegen des wandernden Bodens immer krummer wird.

EIN LEBENDER ORGANISMUS

Die Böden sind das Bindeglied zwischen dem Leben und dem Gestein der Erde. Ohne sie wäre kein Leben möglich. Abgestorbene Pflanzen geben ihre Substanzen wieder an den Boden zurück. Mikroorganismen wandeln tote Pflanzen- und Tiermaterie in Stoffe um, die den Boden anreichern. Beim Ernten werden dem Boden Nährstoffe entzogen und bei längerer Nutzung muss künstlicher Dünger zugeführt werden.

Wiesenblumen

Gras

Schnecke

Verwesendes Blatt

Dunkler, humusreicher Boden

Schneckenhöhle

Kies

Wurzeln

Erosion

Durch Verwitterung werden Gesteine zersetzt und es entstehen lockere Materialien oder gelöste Gesteinsmineralien. Bei der Erosion werden das gelöste Material und die Gesteinsteilchen von ihrem Ursprungsort entfernt und zu einem anderen Ort transportiert, normalerweise unter dem Einfluss der Schwerkraft. Gesteinsmaterial kann durch Wasser, Gletschereis (S. 58–59) oder Wind weitertransportiert werden. Wie viele Gesteinsteilchen fortgetragen werden, hängt von der Fließgeschwindigkeit des Wassers ab. So können reißende Flüsse große Teile der Landschaft abtragen. Im Zuge der Erosion und des Transports werden die Gesteinsteilchen infolge der Strömung nach Art und Größe sortiert. Die gelösten chemischen Elemente können bis ins Meer geschwemmt werden und dort den Mineralgehalt erhöhen. In gemäßigten Klimaten, in denen es häufig regnet, werden Tonpartikel und Sandkörner vom Regenwasser an den Hängen abgetragen und schließlich von Flüssen fortgespült. Wenn die Fließgeschwindigkeit des Flusses nachlässt, sinken die schwersten Gesteinsteilchen zuerst ab. Die erodierenden Kräfte des Wassers kommen außerdem an den Felswänden der Kliffküsten zum Tragen.

WASSERFALL

Wenn sich Bäche und Flüsse ihren Weg von den Bergen bis zum Meer bahnen, können Unregelmäßigkeiten im Gestein oder andere Umstände zu Stromschnellen, Wasserfällen oder Seen führen. An Wasserfällen treten hohe Erosionskräfte auf.

UNREGELMÄSSIGE KÜSTENLINIE

Die Brandung umspült Landvorsprünge von allen Seiten. Hat das Gestein Risse oder weiche Bereiche, wird es dort schneller abgetragen als die Umgebung. So bildet sich ein Felsentor. Stürzt dessen Gewölbe ein, bleibt nur eine Felsnadel stehen. Treffen die Wellen in einem bestimmten Winkel auf die Küste, werden Gesteinsbrocken oft mehrere hundert Kilometer an der Küste weitertransportiert.

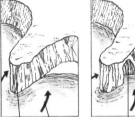

Landvorsprung | *Wellen umspülen den Vorsprung.* | *Ein Felsentor entsteht.* | *Übrig bleibt eine Felsnadel.*

WANDLUNGEN EINER KLIFFKÜSTE

An Steilküsten stoßen die Wellen heftig auf das Gestein, sodass Verwitterung eintritt, da das Gestein immer wieder vom Salzwasser durchweicht wird und bei Ebbe trocknet. Die dabei stattfindende Salzkristallisation lockert die Gesteinspartikel. So wird das Kliff von brandenden Wellen unterhöhlt, bis der überhängende Teil herabstürzt. Die Kliffküstenformen hängen von den Eigenschaften des jeweiligen Gesteins ab.

Man'o-War-Bucht/ Südengland

Die Wellenfront verläuft gekrümmt.

Kliffküste in der Normandie/ Frankreich

Felsentor

Landvorsprung

Felsnadel

EROSION DURCH WELLEN

Wellen entstehen durch Wind, der über das Wasser bläst. In tiefen Gewässern verlaufen die Wellenfronten parallel zueinander. In flacherem Wasser tritt dagegen eine Krümmung auf. Mit dieser treffen die Wellen auf die Küste; so wird die jeweilige Form der Küste herausgearbeitet. Vorspringende Klippen lenken die Wellen ab und ein Felsentor kann entstehen (rechts).

SALZKRISTALLISATION

Felszinnen, die durch Verwitterung in trockenen Klimaten entstanden sind, bestehen aus härterem Gestein als die umgebenden Schichten, die abgetragen wurden. Die ungleiche Härte resultiert aus verschiedenen Korngrößen und Porenräumen der einzelnen Schichten. In trockenen oder windigen Gegenden trocknet die Oberfläche schneller als das Innere. Beim Verdunsten des eingedrungenen Wassers kristallisiert Salz aus und löst Gesteinsteilchen ab, die vom Wind weggetragen werden.

WÜSTENSAND

In den Wüsten ist die Verwitterung die Folge von Temperaturänderungen und der Salzkristallisation. Die Erosion findet hauptsächlich durch Wind statt, der fortwährend kleinste Gesteins- und Mineralienpartikel fortbläst. Dadurch entsteht der gerundete Quarzsand, der zu Dünen angehäuft wird. Diese wandern, indem der Sand an den flachen Seiten hinaufgeweht wird und an den steilen Seiten herabgleitet.

Harter Fels hat der Erosion widerstanden.

Sanddüne in Marokko

Die Hänge sind mit verwitternden Gesteinsbrocken bedeckt.

Wadi

Natürliches Felsentor

Sanddünen

Gesteinsbrocken sammeln sich im Wadi.

Teile des Felsens wurden leichter abgetragen.

MODELL EINER WÜSTENLANDSCHAFT

Nicht alle Wüsten bestehen aus Sand. So ist z.B. auch die Antarktis (S. 18) eine Wüste, da hier, wie in der Sahara, jährlich weniger als 250 mm Niederschlag fällt. Wenn in Trockengebieten Platzregen fallen, können ganze Berghänge freigespült werden; dann fließen Gesteinsbrocken, Sand und Lehm in Wadis (Trockentälern) ab. Die Gesteinsbrocken, die sich in Erosionsrinnen am Fuße steiler Berghänge ansammeln, verwittern langsam zu Sand.

LÖCHER IM FLUSSBETT

Manchmal verschwinden Flüsse durch sog. Strudellöcher in unterirdischen Höhlen. Dies sind entweder Spalten im Kalkstein oder sie entstanden durch den Einsturz von Höhlendächern. Wenn Kalkstein verwittert und abgetragen wird, können sich Höhlensysteme bilden, sofern das umgebende Gestein (z.B. feinkörnige Kalksorten) hart genug ist, um die Wölbungen zu tragen.

Ablagerungen

Alle Gesteinsteilchen, die sich aus den festen Gesteinen lösen, werden irgendwo anders als Sediment abgelagert. Da dies in ganz unterschiedlichen Umgebungen geschieht, können sich auch die Eigenschaften der Sedimente von Gegend zu Gegend stark unterscheiden. Wenn es die Umstände zulassen, entstehen aus den Ablagerungen neue Sedimentgesteine. Ablagerungen können sich an steilen Berghängen oder in flachen Flusstälern bilden, aber auch an Stränden, auf dem Meeresboden in Küstennähe oder auf dem Boden der Tiefsee. Viele Sedimente, die sich irgendwo abgelagert haben, werden bald wieder abgetragen. So werden Kieselsteine, die nach einer Überschwemmung liegen geblieben sind, bei der nächsten Überflutung wieder von den Wassermassen aufgenommen und weitertransportiert. Währenddessen unterliegen die Kieselsteine auch anderen Verwitterungsarten. Am besten können sich dort aus Sedimenten Gesteine bilden, wo die Landfläche absinkt oder der Meeresspiegel ansteigt. Unter solchen Umständen werden die Sedimente nämlich von weiteren Sedimentschichten überlagert und konserviert. Sind sie einmal überlagert, werden sie zusammengepresst und verfestigen sich schließlich zu Gestein.

Ufer des Vale of Glamorgan/Wales

STRANDFORMUNG
Strände unterliegen einem ständigen Wandel (S. 54). Durch die Brandung werden die Kiesbänke immer wieder umgeformt. Zudem sind die Strände jahreszeitlichen Schwankungen ausgesetzt: Im Sommer lagert sich Sand ab, der im Winter durch die Wellen weggespült wird.

MÄANDER
In einem Flusstal sind die flacheren Stellen dort, wo der Fluss die Sedimente ablagert, die er auf seinem Weg vom Gebirge aufgenommen hat. Mäandrierende Flusstäler sind manchmal flach und breit. Der Fluss fließt in Schlangenlinien, deren Schleifen bei jedem Hochwasser größer werden.

Mara River/
Tansania

Terrassenschotter

Fluss

Flussterrasse

FLUSSTERRASSEN
Wenn der Wasserspiegel eines Flusses infolge Absenkung des Meeresspiegels fällt, liegt das alte Flussbett zu hoch. Daher gräbt sich der Fluss ein neues Bett und es entstehen Flussterrassen.

Shotover River/Neuseeland

Erosion an der Außenseite der Krümmung

Sedimentablagerung an der Innenseite der Krümmung

Flussschleife

FLÜSSE AUS SAND
An den steilen Seiten des Flussbettes herrscht Erosion vor, an den flachen Seiten Ablagerung. Das Flussbett erodiert dort am meisten, wo das Wasser am schnellsten fließt, und die Sedimente werden abgelagert, wo es am langsamsten strömt. Durch die Ablagerungen bilden Mäander weite Ebenen aus, die Talauen.

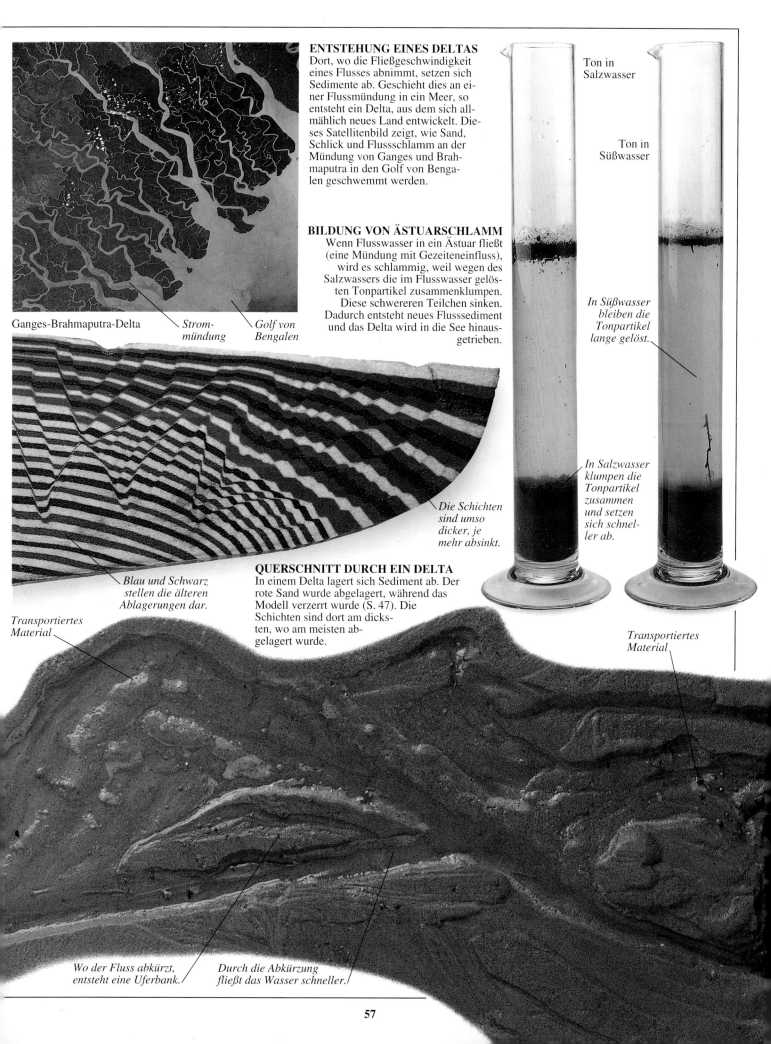

ENTSTEHUNG EINES DELTAS
Dort, wo die Fließgeschwindigkeit eines Flusses abnimmt, setzen sich Sedimente ab. Geschieht dies an einer Flussmündung in ein Meer, so entsteht ein Delta, aus dem sich allmählich neues Land entwickelt. Dieses Satellitenbild zeigt, wie Sand, Schlick und Flussschlamm an der Mündung von Ganges und Brahmaputra in den Golf von Bengalen geschwemmt werden.

Ton in Salzwasser

Ton in Süßwasser

Ganges-Brahmaputra-Delta

Strom-mündung

Golf von Bengalen

BILDUNG VON ÄSTUARSCHLAMM
Wenn Flusswasser in ein Ästuar fließt (eine Mündung mit Gezeiteneinfluss), wird es schlammig, weil wegen des Salzwassers die im Flusswasser gelösten Tonpartikel zusammenklumpen. Diese schwereren Teilchen sinken. Dadurch entsteht neues Flusssediment und das Delta wird in die See hinausgetrieben.

In Süßwasser bleiben die Tonpartikel lange gelöst.

Die Schichten sind umso dicker, je mehr absinkt.

In Salzwasser klumpen die Tonpartikel zusammen und setzen sich schneller ab.

Blau und Schwarz stellen die älteren Ablagerungen dar.

QUERSCHNITT DURCH EIN DELTA
In einem Delta lagert sich Sediment ab. Der rote Sand wurde abgelagert, während das Modell verzerrt wurde (S. 47). Die Schichten sind dort am dicksten, wo am meisten abgelagert wurde.

Transportiertes Material

Transportiertes Material

Wo der Fluss abkürzt, entsteht eine Uferbank.

Durch die Abkürzung fließt das Wasser schneller.

Vergletscherung

Gletscher finden sich heute in den Tälern fast aller Hochgebirge, obwohl bei den meisten das Abschmelzen schneller vor sich geht als die Anreicherung mit Neuschnee. Daher zieht sich das Talende der Gletscher immer weiter bergaufwärts zurück. Die heutigen Gebirgsgletscher sind nur Reste der riesigen Gletscher, die während der Kälteperioden im Pleistozän ganze Talzüge ausfüllten. Vor 10.000 Jahren begannen die Gletscher schneller zu schmelzen, als durch Neuschnee zu wachsen. Für ihren Aufbau war dieselbe Zeit erforderlich; damals waren die Verhältnisse aber gerade umgekehrt, d.h. es fiel mehr Neuschnee, als Eis schmelzen konnte. In den letzten 2 Mio. Jahren wechselten die nasskalten, Gletscher aufbauenden Eiszeit-Perioden ständig mit den wärmeren Zwischeneiszeiten ab. Wir leben in einer solchen „interglazialen" Periode, in der die Gletscher abschmelzen. Durch die Bewegung eines Gletschers wird ein Tal in Breite und Tiefe ausgeschliffen, bis ein U-förmiges Trogtal entsteht. Abschmelzende Gletscher sind von großen Wällen aus Sedimenten umgeben, die aus dem Eis gewaschen wurden. Diese Gesteinsteilchen wurden vom Gletscher aus Felswänden herausgelöst und im Eis talwärts transportiert. Auf diese Weise befördern Gletscher nach und nach riesige Gesteinsmassen von den Berggipfeln in die Täler.

GLET-SCHER-RIESEN
Aus den Schotterwällen (Endmoränen, die beim Schmelzen von Gletscherzungen zurückbleiben) fließt etwas Wasser heraus. Dies sind die Quellgebiete einiger Flüsse, z.B. des Rheins, der im Schweizer Kanton Graubünden entspringt.

INLANDEIS
Grönland und die Antarktis sind von kilometerdickem Inlandeis bedeckt. Dessen Dicke nimmt zum Rand der Landmassen hin ab. Nahe der Küste Nordwestgrönlands bahnen sich Talgletscher ihren Weg durch Gebirge am Rand der Insel. Dabei werden Felsbrocken aus den Seitenmoränen herausgerissen und mit dem Eis weitertransportiert.

Pazifischer Ozean / Packeis

VEREISUNG IM SATELLITENBILD
Alaska, Kanada, Teile der USA und Skandinaviens sowie Grönland und die Antarktis waren während der Kälteperioden im Pleistozän von Eis bedeckt. Noch heute sind einige dieser Gebiete im Winter schneebedeckt, ständige Vereisung findet sich aber nur noch in den höchsten Regionen. Auf dem Satellitenbild sieht man das Packeis, das sich im Winter an den Küsten der Antarktis bildet, wenn Schnee auf das gefrorene Meerwasser fällt.

Eisschicht

Endmoräne

Talgletscher

Gletscherspalte

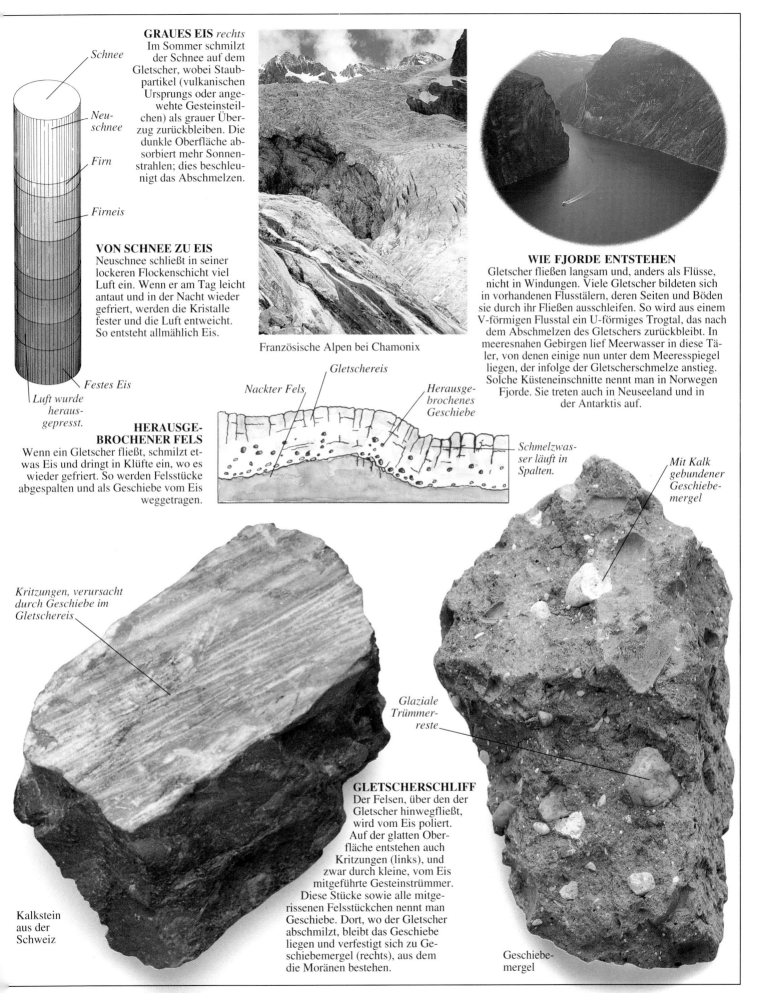

GRAUES EIS *rechts*

Im Sommer schmilzt der Schnee auf dem Gletscher, wobei Staubpartikel (vulkanischen Ursprungs oder angewehte Gesteinsteilchen) als grauer Überzug zurückbleiben. Die dunkle Oberfläche absorbiert mehr Sonnenstrahlen; dies beschleunigt das Abschmelzen.

Schnee

Neuschnee

Firn

Firneis

Festes Eis

Luft wurde herausgepresst.

VON SCHNEE ZU EIS

Neuschnee schließt in seiner lockeren Flockenschicht viel Luft ein. Wenn er am Tag leicht antaut und in der Nacht wieder gefriert, werden die Kristalle fester und die Luft entweicht. So entsteht allmählich Eis.

Französische Alpen bei Chamonix

HERAUSGE-BROCHENER FELS

Wenn ein Gletscher fließt, schmilzt etwas Eis und dringt in Klüfte ein, wo es wieder gefriert. So werden Felsstücke abgespalten und als Geschiebe vom Eis weggetragen.

Gletschereis

Nackter Fels

Herausgebrochenes Geschiebe

Schmelzwasser läuft in Spalten.

WIE FJORDE ENTSTEHEN

Gletscher fließen langsam und, anders als Flüsse, nicht in Windungen. Viele Gletscher bildeten sich in vorhandenen Flusstälern, deren Seiten und Böden sie durch ihr Fließen ausschleifen. So wird aus einem V-förmigen Flusstal ein U-förmiges Trogtal, das nach dem Abschmelzen des Gletschers zurückbleibt. In meeresnahen Gebirgen lief Meerwasser in diese Täler, von denen einige nun unter dem Meeresspiegel liegen, der infolge der Gletscherschmelze anstieg. Solche Küsteneinschnitte nennt man in Norwegen Fjorde. Sie treten auch in Neuseeland und in der Antarktis auf.

Kritzungen, verursacht durch Geschiebe im Gletschereis

Mit Kalk gebundener Geschiebemergel

Glaziale Trümmerreste

GLETSCHERSCHLIFF

Der Felsen, über den der Gletscher hinwegfließt, wird vom Eis poliert. Auf der glatten Oberfläche entstehen auch Kritzungen (links), und zwar durch kleine, vom Eis mitgeführte Gesteinstrümmer. Diese Stücke sowie alle mitgerissenen Felsstückchen nennt man Geschiebe. Dort, wo der Gletscher abschmilzt, bleibt das Geschiebe liegen und verfestigt sich zu Geschiebemergel (rechts), aus dem die Moränen bestehen.

Kalkstein aus der Schweiz

Geschiebemergel

Altersbestimmung der Erde

James Hutton (S. 8) schrieb im Jahre 1788 zu der Frage, wie alt die Erde wohl sein mag, dass er weder „die Spur eines Anfangs" noch „die Aussicht auf ein Ende" ausmachen könne. Er erkannte jedoch, dass geologische Zeiträume sehr lang sind. Aber erst im 20. Jahrhundert konnte aufgrund der Erkenntnisse über die radioaktive Strahlung eine Methode zur Altersbestimmung von Gesteinen entwickelt werden. Dabei handelt es sich um die radiometrische Datierung, mit der das Gestein ziemlich genau einer Epoche der Erdgeschichte zugeordnet werden kann. Eine andere Methode, das Alter von Gesteinen und somit auch der Kontinente zu bestimmen, ist die Untersuchung der Schichten in Sedimentgesteinen sowie von Fossilien, also toter Pflanzen und Tiere, die im Gestein konserviert wurden. Anhand von Fossilien erhält man Daten über frühere Klimate und über die Atmosphäre der Urzeit. In den Meeresböden findet man Hinweise darauf, wie sich das Erdmagnetfeld im Laufe der letzten 200 Mio. Jahre verändert hat. Dies sind nur einige Beispiele für verschiedene Methoden, mit denen man das Alter der Erde erforschen kann.

JAMES USSHER (1581–1656)
Ussher war Geistlicher und wollte anhand der Stammbäume in der Bibel beweisen, dass die Erde im Jahre 4004 v.Chr. entstand. Diese Angabe wurde lange Zeit anerkannt, wenngleich andere Religionen zu abweichenden Ergebnissen kamen.

WILLIAM THOMSON (1824–1907)
Thomson, der spätere Lord Kelvin, errechnete das Erdalter anhand der Zeit, die das Gestein zum Abkühlen auf die heutige Temperatur benötigte. Er ging von einem glutflüssigen Urzustand aus und errechnete ein Erdalter von 40 Mio. Jahren. Auch dieser Wert liegt weit unter dem tatsächlichen.

AUSWERTUNG VON FOSSILIEN
Der britische Geologe Charles Lyell (S. 62) erkannte, dass viele Fossilien in jungen Gesteinen heutigen Tieren ähneln und dass umso weniger Fossilien auftreten, je älter das Gestein ist. Anhand des Alters der Fossilien konnten die Gesteine den jeweiligen Erdzeitaltern zugeordnet werden. So stammt z.B. der *Acadagnostus* aus dem Mittelkambrium und das *Eocyphinium* aus dem Karbon.

ZEITSPRÜNGE
Die Mächtigkeit von Sedimenten scheint bei der Datierung hilfreich zu sein, doch ist die Zeit, in der die Sedimente entstehen, nicht messbar. Ein weiteres Problem sind die Zeiträume, in denen keine Sedimentation erfolgte oder vorhandenes Sediment abgetragen wurde. In dem Beispiel, das in nebenstehender Zeichnung dargestellt ist, konnte mithilfe der Fossilien und der Radiometrie ein Sprung von 160 Mio. Jahren festgestellt werden. Diese Zeit verging, bis sich auf der unteren Sedimentschicht eine neue Schicht abgelagert hat. Solche Sprünge nennt man Diskordanzen.

Acadagnostus

Eocyphinium

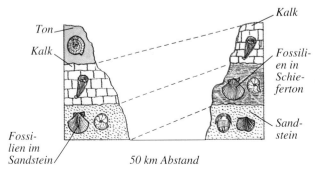

Ton
Kalk
Kalk
Fossilien in Schieferton
Sandstein
Fossilien im Sandstein
50 km Abstand

FOSSILIENVERGLEICH
Anhand von Fossilien können Gesteine entfernter Gebiete aufgrund ihres Alters einander zugeordnet werden. Dafür ist von Bedeutung, dass die Evolution der Arten weltweit gleichzeitig ablief und dass sich keine Art nach ihrem Aussterben noch einmal entwickelte. Da Fossilien aus derselben Zeit auch in verschiedenen Gesteinen auftreten, müssen sich unterschiedliche Gesteine gleichzeitig entwickelt haben.

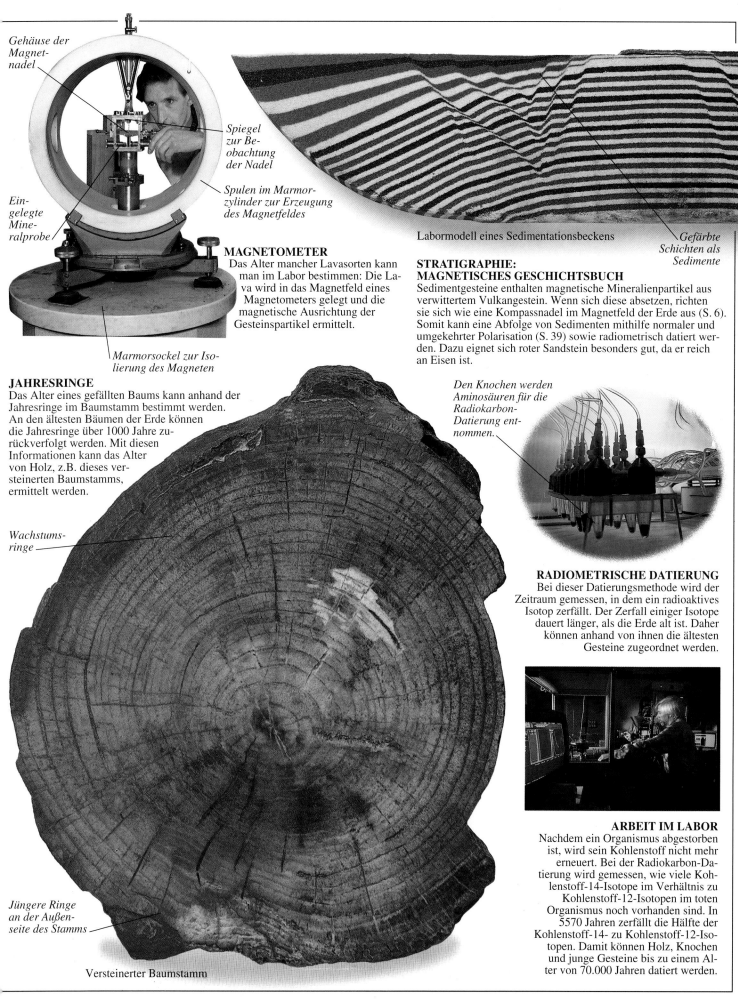

Gehäuse der Magnetnadel

Spiegel zur Beobachtung der Nadel

Spulen im Marmorzylinder zur Erzeugung des Magnetfeldes

Eingelegte Mineralprobe

Marmorsockel zur Isolierung des Magneten

MAGNETOMETER

Das Alter mancher Lavasorten kann man im Labor bestimmen: Die Lava wird in das Magnetfeld eines Magnetometers gelegt und die magnetische Ausrichtung der Gesteinspartikel ermittelt.

Labormodell eines Sedimentationsbeckens

Gefärbte Schichten als Sedimente

STRATIGRAPHIE: MAGNETISCHES GESCHICHTSBUCH

Sedimentgesteine enthalten magnetische Mineralienpartikel aus verwittertem Vulkangestein. Wenn sich diese absetzen, richten sie sich wie eine Kompassnadel im Magnetfeld der Erde aus (S. 6). Somit kann eine Abfolge von Sedimenten mithilfe normaler und umgekehrter Polarisation (S. 39) sowie radiometrisch datiert werden. Dazu eignet sich roter Sandstein besonders gut, da er reich an Eisen ist.

JAHRESRINGE

Das Alter eines gefällten Baums kann anhand der Jahresringe im Baumstamm bestimmt werden. An den ältesten Bäumen der Erde können die Jahresringe über 1000 Jahre zurückverfolgt werden. Mit diesen Informationen kann das Alter von Holz, z.B. dieses versteinerten Baumstamms, ermittelt werden.

Wachstumsringe

Den Knochen werden Aminosäuren für die Radiokarbon-Datierung entnommen.

RADIOMETRISCHE DATIERUNG

Bei dieser Datierungsmethode wird der Zeitraum gemessen, in dem ein radioaktives Isotop zerfällt. Der Zerfall einiger Isotope dauert länger, als die Erde alt ist. Daher können anhand von ihnen die ältesten Gesteine zugeordnet werden.

ARBEIT IM LABOR

Nachdem ein Organismus abgestorben ist, wird sein Kohlenstoff nicht mehr erneuert. Bei der Radiokarbon-Datierung wird gemessen, wie viele Kohlenstoff-14-Isotope im Verhältnis zu Kohlenstoff-12-Isotopen im toten Organismus noch vorhanden sind. In 5570 Jahren zerfällt die Hälfte der Kohlenstoff-14- zu Kohlenstoff-12-Isotopen. Damit können Holz, Knochen und junge Gesteine bis zu einem Alter von 70.000 Jahren datiert werden.

Jüngere Ringe an der Außenseite des Stamms

Versteinerter Baumstamm

Die Erdzeitalter

Über die neueste Erdgeschichte ist am meisten bekannt, da die zahlreichen Fossilien in den jüngeren Gesteinen gut zu datieren sind. Viel weniger wissen wir über die ersten 3 Milliarden Jahre der Erdgeschichte, weil die älteren Gesteine nur wenige und sehr primitive Fossilien enthalten. Zudem unterlagen viele dieser Gesteine schon mehreren Metamorphosen oder wurden von jüngeren Gesteinen überlagert oder abgetragen und zu Bestandteilen von Sedimentgesteinen.

CHARLES LYELL (1797–1875)

Lyell vertrat den Aktualismus, nach dem „die Gegenwart der Schlüssel zur Vergangenheit" ist. Das trifft aber nicht zu, da Plattentektonik, Gebirgsbildung, Verwitterung und Sedimentation einen Anfang hatten, und zwar vermutlich im Präkambrium.

DAS ALTER DER ERDE

Die Erde ist etwa 4,55 Mrd. Jahre alt. Auch Mondgestein und Meteorite haben dieses Alter. Man nimmt an, dass die Erde so alt wie das Sonnensystem ist. Im Präkambrium traten die ersten Lebensformen auf, die Kontinente bildeten sich, die Plattentektonik begann und atmosphärischer Sauerstoff entstand.

Steinmeteorit

Paradoxides

Mastopora

BEWOHNER DER MEERE

Im Kambrium blühte das Leben im Meer auf. Fossilien geben einen Eindruck von dieser Periode. Trilobiten wie die *Paradoxides* waren Bodenbewohner flacher Meere.

SAUERSTOFFGEBER

Grünalgen wie *Mastopora* erzeugen bei ihrem Stoffwechsel Sauerstoff, der in die Atmosphäre gelangt (S. 10).

Goniophyllum

KORALLEN

Korallen wie *Goniophyllum* existieren noch heute.

PRÄKAMBRISCHER SCHILD

William Logan (S. 40) erkannte das hohe Alter der präkambrischen Gesteine, die er am Kanadischen Schild kartierte. Er nannte die Gesteinsstruktur kryptozoisch, d.h. „mit verborgenen Tieren".

ALTES GESTEIN

Teile der ersten Erdkruste bestanden wahrscheinlich aus Basaltgesteinen, wie sie noch heute in Meeresböden vorkommen. Die Granite der Kontinente sind jünger.

Granitgneis

FRÜHES LEBEN

Collenia sind Stromatolithen; diese blaugrünen Algen gehören zu den ältesten Lebensformen und leben in Wattenmeeren.

Collenia

Pteraspis

KNOCHENFISCHE

Einige Organismen, z.B. Muscheln, haben Außenskelette. Die ersten Fische (wie dieser *Pteraspis*) hatten ein Außenskelett aus Knochenplatten.

ARCHÄOZOIKUM	PROTEROZOIKUM	KAMBRIUM	ORDOVIZIUM	SILUR	DEVON
PRÄKAMBRIUM		PALÄOZOIKUM			
Vor 4,5 Mrd. Jahren	Vor 2,5 Mrd. Jahren	Vor 590 Mio. Jahren	Vor 500 Mio. Jahren		Vor 400 Mio. Jahr

FRÜHE PFLANZEN
Älteste Pflanzenspuren finden sich in Gesteinen von Silur und Devon. Im Karbon waren sie sehr häufig – meist in Sümpfen, die später bedeckt, komprimiert und erhitzt wurden. Dabei entstand Erdöl.

Lycopodium

Karbongestein

Kalksediment aus dem Jura-Meer

Bohrloch von bohrenden Mollusken

STREIFZUG DURCH DIE ZEITEN
Das graue Karbongestein wurde gehärtet und abgetragen. Es bildete im Jura-Meer den Boden, in den sich die Gehäuse tragenden Molluskeln einbohrten.

ARCHAEOPTERYX
Es gibt nur wenige Fossilien von Vögeln, sodass wir wenig über deren Evolution wissen. Der gefiederte *Archaeopteryx* aus dem Jura konnte fliegen, hatte aber noch Zähne.

Finger

Reptilienschwanz

Archaeopteryx

WÜSTEN-SANDSTEIN
Europäischer Sandstein aus dem Perm entstand in einem Wüstenklima. Die Sandkörner wurden durch die Einwirkung von Winden abgerundet.

SANDWÜSTE
Die europäische Wüste war so groß wie die heutige Wüste Gobi. Salzablagerungen deuten auf ausgetrocknete Seen hin. Deren Ufergesteine weisen manchmal Fußabdrücke oder versteinerte Knochen von Dinosauriern auf.

KREIDE IN EUROPA
In den Seen des Mesozoikums lagerten sich Kalkgerüste von Algen ab, aus denen Kalkstein entstand.

Gezacktes Gebiss

Augenhöhle

Landbewohnender Allosaurus

Höhlung für Kaumuskel

DINOSAURIER-FOSSILIEN
Wasserlebewesen, die nach dem Absterben zu Boden sanken, versteinerten mit höherer Wahrscheinlichkeit als Landlebewesen wie dieser Fleisch fressende *Allosaurus*. Daher sind Fossilien von Wasserlebewesen viel häufiger.

Flachsee

KARTE DER KARBONZEIT
In dieser Karte von Alfred Wegener (S. 35) bilden alle Kontinente im Karbon-Zeitalter eine Einheit.

Alpengletscher

EISZEIT
Eine Ursache für die Eiszeiten im Pleistozän (während des Quartärs) waren hohe Gebirge, die das Klima durch Ablenken der Winde beeinflussten.

LANDSCHAFTSVIELFALT
In den Subduktionszonen an der Westküste Amerikas entstand eine Bergkette. Heute ist die Erdoberfläche durch unterschiedlichste tektonische Vorgänge, durch Gebirgsbildungen und Abtragungen so vielfältig wie nie zuvor in der Erdgeschichte.

NICHT SEHR LANGE HER
Alfred Wegeners Karte vom Jungtertiär zeigt die Welt schon fast so, wie sie heute ist; nur der nördliche Atlantik ist noch schmaler. Im Tertiär entstanden die Alpen und der Himalaja.

KARBON	PERM	TRIAS	JURA	KREIDE	TERTIÄR	QUARTÄR
PALÄOZOIKUM		MESOZOIKUM			NEOZOIKUM	

Vor 300 Mio. Jahren Vor 200 Mio. Jahren Vor 100 Mio. Jahren Vor 65 Mio. Jahren

Register

Bildnachweis

o = oben, u = unten, m = Mitte,
l = links, r = rechts

Alfred-Wegener-Institut/Andreas Frenzel: 35or; B & C Alexander: 58u; Y. Arthus Bertrand Explorer: 56mr;/Margaret Collier: 56ml;/Ian Griffiths: 50or; Biofotos/Heather Angel: 17ol; Bodleian Library, Oxford: 9ur, 9or; Bridgeman/Royal Geographical Society: 8ol;/Louvre, Paris: 52ol; British Antarctic Society: 6ur, 19or, 32ul;/E. Wolff: 19ur;/R. Mulvaney: 19um;/NOAA: 39ur; British Geological Survey: 6or, 21u, 61ol; Bruce Coleman Picture Library/Jules Cowan: 17mlu;/M. P. L. Fogden: 21ml; John Catt: 52r, 52um; Joe Cornish: 55l; James Davis Pho-
tography: 50–51u; Mary Evans Picture Library: 22mr, 24ol, 30ul, 30um, 31ol, 34mr, 40ol, 60ol;/Explorer Biblioteca Reale, Turin: 8ul;/ffotograff/Charles Aithie: 50ml, 52ul, 56or;/Jill Ranford: 51om; Greenpeace/Loor: 18ul; Gwynedd Archive Service: 28mu; Robert Harding Picture Library: 37or, 37ul, 39mlo, 44mlu, 47mr, 63mr; Image Bank/Joanna MacCarthy: 41mr;/H. Wendler: 53or; Image Select/Ann Ronan: 22ol; Impact/Martin Black: 9ul; Institute of Oceanographic Sciences, Deacon Laboratory: 38ol;/MIAS: 33or; Japanese Archive: 42ol; Mansell Collection: 8mr, 8ur, 18ol, 34or, 46ol, 60or, 62or; NASA: 6ol, 10ol, 11or, 11om, 12um, 34ur, 49ol, 49m, 57ol; National Archives of Canada: 41or, 62mlu; National Maritime Museum Publications: 30ur; National Oceanic and Atmospheric Administration/National Geophysical Data Centre: 36ul, 36ol,
37m, 37oml, 37ur; Natural History Museum Picture Library: 13mur; Clive Oppenheimer: 25l; Oxford Scientific Films/John Downer: 49or;/Mills Tandy: 55ur;/Konrad Wothe: 46mr; Planet Earth Picture Agency/Peter Atkinson: 10mr;/Peter David: 32ol;/Ivor Edmonds: 59or;/David George: 24m; Princeton University, Department of Geological and Geophysical Sciences: 38ol; Susanna van Rose: 29ul, 60mlu; Science Photo Library/Dr. Gene Feldman/NASA GSFC: 32m;/Mark Bond: 26ol;/Tony Craddock: 48m;/John Downer: 37um;/European Space Agency: 1m;/Douglas Faulkner: 38ml;/James King-Holmes: 61mr, 61mru;/G. Müller, Struers MBH: 29om;/NASA: 37ol, 45mlo, 58mr;/Peter Ryan Scripps: 38mr;/Soames Summerhays: 45u;/U. S. Geological Survey: 37omr, 43mro;/Tom Van Sant/Geosphere Project, Santa Monica: 14or, 18ml, 18m; Scripps
Institute of Oceanography: 32mr; Simon Petroleum: 40um; Frank Spooner Picture Library/Giboux Liais: 43mli/Planchenault: Umschlagvorderseite; Clive Streeter: 46mlu, 54mlu, 54ur, 55or, 59um, 63m; Universität Wien, Institut für Geologie: 42mru; U. S. Geological Survey: 48or.

Mit Ausnahme der oben genannten Abbildungen sowie der Abbildungen aus dem Science Museum, London (17mr, 12ml, 20or) und der Abbildungen aus dem Oxford University Museum (12rm, 62ml) entstammen alle Abbildungen den Sammlungen des Natural History Museum, London (3or, 4or, 4olm, 4u, 6ol, 14l, 15, 18/19m, 17um, 17or, 17ol, 24u, 27ol, 27r, 29l, 33u, 41l, 41u, 43u, 46l, 46m, 46u, 48/49u, 53ol, 53u, 57or, 57m, 56/57u, 58ur, 59ul, 61or).